M4 – 2. díl: Multiplikace & Hnutí
Noví lidé – nová společenství
Změnit sen ve skutečnost

Vydala Česká evangelikální aliance
Plzeňská 166; 150 00 Praha 5
E-mail: info@ea.cz
www.ea.cz
Všechna práva vyhrazena

Originally published in English under the title: M4 Part 2: New people – new fellowships – From dream to reality

© 2013 DAWN Norway
Epleveien 26
4635 Kristiansand S, NORSKO
Tel: (+47) 950 42 260
E-mail: post@dawnnorge.no
www.dawnnorge.no | www.m4europe.com
All rights reserved

Autoři:
Øivind Augland
Terje Dahle
Harald Giesebrecht
Arnt Jakob Holvik
Øystein Gjerme
Håvard Kjøllesdal
Dietrich Schindler
Andreas Nordli
Arne Skagen

Editoři:
Øivind Augland
Harald Giesebrecht

Odpovědný redaktor: Mgr. Jiří Unger
Překlad: Radka Brahová
Jazyková redakce: Tomáš Kadlec a Radmila Navrátilová

Obálka a grafický design: Asketic; www.asketic.lv
Sazba: Martin Morfjord; www.morfjord.com

Všechna práva českého překladu vyhrazena. Žádná část této knihy nesmí být v jakékoli formě publikována bez písemného svolení vydavatele.

Překlad této knihy byl financován z prostředků PROMISE – Platformy pro misii a evangelizaci; www.pro-mise.cz

Vytištěno v České republice

ISBN 978-82-93259-12-1

Předmluva

Autoři kurzu M4 chtějí mobilizovat věřící v Norsku, Skandinávii i celé Evropě k zakládání nových sborů. Kurz M4 není určen pro akademické kruhy. Utvářel se a vyvíjel na základě praktické problematiky související se zakládáním sborů. My sami jsme zakladatelé sborů a v rámci M4 sdílíme své životy i zkušenosti. I když z různých křesťanských denominací a organizací, máme toho spoustu společného. Všichni máme:

» velkou touhou vidět, jak lidé přicházejí k víře v Ježíše Krista, a být svědky toho, jak jsou zakládány nové sbory v Norsku, Skandinávii a celé Evropě.

» naději, že Bůh si povolá tisíce nových vedoucích ze všech věkových skupin, aby zakládali živé a multiplikující se sbory.

» touhu být duchovními otci a matkami mladé generace průkopníků, kterým budeme moci říct: „Bůh může! Jdi do toho! Jsme s tebou a věříme ti!"

» vědomí, že „společně se všemi bratřími" můžeme poznat a pochopit, co Bůh dnes dělá. Chceme jeden druhému naslouchat a učit se od sebe ve vzájemné úctě a s ohledem na naše rozdíly.

» hluboké přesvědčení, že u Boha není nic nemožné. Když bereme Boží slovo vážně, posloucháme ho a řídíme se jím, Bůh dodrží své sliby.

Kurz M4 vznikl v prostředí zakládání sborů v Norsku. Národní síť zakládání sborů v Norsku je podpůrnou skupinou, složenou z lidí, kteří si uvědomují, že když budeme pracovat společně jako Kristovo tělo, bude možné ve všech etnických, kulturních a geografických oblastech naší země založit živé sbory.

Autoři, kteří se podíleli na vzniku této knihy, jsou v této Národní síti zakládání sborů v Norsku tím či oním způsobem zapojeni. Jako skupina jsme přečetli stovky knih o zakládání sborů, vedení a průkopnické práci. Věříme, že znalosti jsou dobré, ale ještě lepší je na základě toho, co jsme se dozvěděli, jednat. Víra roste jedině díky poslušnosti.

Do mezinárodní edice druhého dílu knihy M4 přispěl jako jeden z autorů také Dietrich Schindler. Dietrich píše o hnutí zakládání sborů v Evropě podle Ježíšova modelu budování církve. Vychází také z vlastních znalostí a zkušeností ze založení pěti sborů a z vedení iniciativy zakládání sborů ve Svobodné evangelické církvi v Německu.

Kurz M4 je zpracován jako *pracovní pomůcka zaměřená na proces*, proto bychom vás chtěli povzbudit, abyste se chopili zodpovědnosti za praktické kroky. Pomocí jasného základu v Božím slově propojeného s osobní zkušeností vám tato kniha pomůže zamyslet se nad ústředními otázkami, které se týkají zakládání sborů, a jednat v těchto oblastech. Pokud sníte o tom, že byste rádi začali něco nového, pak je M4 nástrojem, který vám pomůže tento sen realizovat.

Jsme velice vděční průkopníkům, kteří šli před námi a ukázali nám cestu. Jsou pro nás inspirací, abychom šli za Božím povoláním, jež pro svůj život máme: zakládat sbory, které budou oslovovat lidi a zachraňovat je pro Boží království. Vnímáme to jako velkou výsadu a jsme vděční, že smíme být součástí stále se rozšiřujícího Božího království.

O autorech

ØIVIND AUGLAND je ženatý a s manželkou Lindou mají čtyři děti. Øivind patří k předním zakladatelům sborů a již 17 let slouží jako pastor ve Svobodné luterské církvi Norska (Den Evangelisk Lutherske Frikirke i Norge). Pracuje také v Národní síti zakládání sborů v Norsku, v poslední době se podílí na plánování sítě a působí jako manažer této organizace. Øivind se zabývá otázkami týkajícími se rozvoje vedení, strategie a rozvoje organizace. Je rovněž zakladatelem společností Xpand Norway a Persolog Norway.

TERJE DAHLE je ženatý, s manželkou Lise mají tři dospělé děti a jedno vnouče. Po absolvování zdravotní školy v roce 1984 se Terje přestěhoval do Stokmarknes v souostroví Vesterály na severu Norska a stal se vedoucím Křesťanského společenství (Kristent Fellesskap). Pracoval též jako zdravotní bratr v místní nemocnici a získal diplom v oboru vedení na vysoké škole Bodø College. V letech 1994 až 2001 působil na různých manažerských pozicích ve společnosti Telenor, dokud mu nebyla nabídnuta možnost práce na plný úvazek v Křesťanském společenství, kde se soustředil převážně na průkopnickou práci. V roce 2005 se celá rodina přestěhovala do Trondheimu a zapojila se zde do zakládání sborů v rámci Křesťanského společenství. Dnes je Terje vedoucím práce Křesťanského společenství v Norsku a dohlíží na více než 20 sborů. Díky své poradenské činnosti v rámci Přirozeného růstu církve (Naturlig Menighetsutvikling) a díky svému postavení v radě Národní sítě zakládání sborů v Norsku má velký vliv na budování Božího království.

HARALD GIESEBRECHT je ženatý s Kjersti a mají dva syny. Harald je zakladatelem sborů v Církvi adventistů v Norsku. Nyní je vedoucím sboru Cornelius Church v Oslo, který také založil. V současnosti pracuje na tvorbě materiálu pro školení vedoucích a učednictví. Kromě toho, že se věnuje této práci, rodině a povinnostem v Národní síti zakládání sborů v Norsku, též studuje magisterský program v oboru teologie.

ØYSTEIN GJERME je ženatý a s manželkou Ginou mají tři děti. Po čtyřech letech působení v roli pastora pro mládež ve sboru Tabernacle Pentecostal Church založil sbor Salt Bergen Church, kde slouží jako hlavní pastor. Má magisterský titul z teologie z Regent University a bakalářský titul z North Central University v USA. Je rovněž předsedou správní rady Školy vedení a teologie v Oslu, kde vyučuje homiletiku.

ARNT JAKOB HOLVIK je jedním ze zakladatelů společenství Os Fellowship, mladého mezidenominačního misijního hnutí, které se soustřeďuje na evangelizaci, zakládání sborů a misii v obci Os, ležící jižně od Bergenu v západním Norsku. Hnutí připravuje týmy zakládající nové sbory z různých denominací v Norsku a severní Evropě. Arnt Jakob vystudoval obory mezinárodní sociologie a sociální ekonomiky a v současné době dokončuje magisterské studium teologie. Stal se průkopníkem a misionářem poté, co se Ježíš dotkl jeho života a vyslal ho do služby na plný úvazek. Arnt Jakob nyní žije a pracuje v křesťanském společenství v Os, v němž členové sdílejí své finanční zdroje i životní rytmus založený na modlitbě a misijní práci.

HÅVARD KJØLLESDAL žije v Trondheimu a s manželkou Katrine mají tři děti. Vystudoval sociologii a učí na střední škole. Je zakladatelem sborů v Křesťanském společenství v Trondheimu a spolupracuje s online biblickou školou FOLK Bible School.

ANDREAS NORDLI je vedoucím pobočky mezinárodní a mezidenominační misijní organizace Youth with a Mission v Norsku (YWAM). Je ženatý s Åsne a mají pět dětí. Žijí v norské centrále YWAM v Grimerudu, který leží v bezprostřední blízkosti města Hamar. Řadu let se věnoval zakládání sborů v Rumunsku, pomáhal školit vedoucí a vysílat rumunské misionáře do dalších zemí. Jeho velkou touhou je vyslat Nory na misii do Evropy i do zemí, jejichž obyvatelé ještě o Kristu vůbec neslyšeli.

DIETRICH SCHINDLER (D. Min Fuller Theological Seminary) se již 28 let podílí na zakládání sborů v Německu. Společně se svou ženou Jan založil Dietrich pět sborů v rámci Svobodné evangelické církve a v roce 2008 se stal jejím výkonným ředitelem pro zakládání sborů. Spolu s dalšími pracuje na dosažení vize založení sta nových sborů během deseti let. Dietrich se narodil v roce 1958 v Milwaukee ve státě Wisconsin do rodiny německých přistěhovalců. Je autorem knihy The Jesus Model: Planting Churches the Jesus Way (UK: Piquant Ed. 2013).

ARNE G. SKAGEN je ženatý s Kjersti a mají čtyři dcery. Arne je mezinárodně uznávaný evangelista, který v uplynulých 16 letech spolupracoval s organizacemi jako Christian Network a Ministries Without Borders. Učí a koučuje církve a sbory v mnoha zemích a má přirozený talent pro přípravu věřících k tomu, aby žili a působili v moci Ducha svatého a přiváděli lidi k Ježíši.

OBSAH

Předmluva 4

O autorech 6

Obsah 8

Jak používat M4 10
    MASTER • MISSION • MULTIPLICATION • MOVEMENT 10
    Dvě úrovně 12
        Úroveň 1: 12
        Úroveň 2: 12
        Nástroj pro první fázi zakládání sborů 14
        Zakládání sborů, zakládání společenství a různé modely 14

M3 – Multiplikace – Jděte ke všem národům a získávejte mi učedníky 18
    M3-0 Úvod – Øivind Augland 19
    M3-1 Jak získávat učedníky v současné společnosti – Øivind Augland a Håvard Kjøllesdal 23
        M3-1-1 Úvod – Øivind Augland 23
        M3-1-2 Když se dílky složí dohromady 24
        M3-1-3 Základní praxe – Øivind Augland 27
        M3-1-4 Učednictví – výzvy, které před nás staví kultura – Håvard Kjøllesdal 31
    M3-2 Učení apoštolů a modlitby – Harald Giesebrecht a Øivind Augland 37
        M3-2-1 Úvod do učení apoštolů – Øivind Augland 37
        M3-2-2 Jak dát prostor moci – Harald Giesebrecht 38
        M3-2-3 Úvod k modlitbě – Øivind Augland 43
        M3-2-4 Učíme se modlit – Harald Giesebrecht 46
    M3-3 Společenství a lámání chleba – Øivind Augland a Andreas Nordli 57
        M3-3-1 Úvod ke společenství – Øivind Augland 57
        M3-3-2 Společenství má původ u Boha – Øivind Augland 57
        M3-3-3 Úvod k lámání chleba – Øivind Augland 61
        M3-3-4 Princip pšeničného zrna – Andreas Nordli 61
        M3-3-5 „Dal jsem vám příklad" – Øivind Augland 65
    M3-4 Vytváření kultury učednictví – Arnt Jakob Holvik 68
        M3-4-1 Úvod 68
        M3-4-2 Jak získával a vychovával učedníky Ježíš? 69
        M3-4-3 Váš život má vliv na sbor 73
        M3-4-4 Učednické hnutí 76
        M3-4-5 Boží svrchovanost a moc 78
    M3-5 Od slov k činům 80
        M3-5-1 k M3-1: Jak získávat učedníky v současné společnosti – Øivind Augland a Håvard Kjøllesdal 80
        M3-5-2 k M3-2: Učení apoštolů a modlitby – Harald Giesebrecht a Øivind Augland 84
        M3-5-3 k M3-3: Společenství a lámání chleba – Øivind Augland a Andreas Nordli 85

- M3-5-4 k M3-4: Vytváření kultury učednictví – Arnt Jakob Holvik ... 88
- M3-5-5 Učební cíle ... 93

M4 – Hnutí – A hle, já jsem s vámi po všecky dny až do skonání tohoto věku ... 98

- M4-0 Úvod – Øivind Augland ... 99
- M4-1 Základní principy multiplikace v Božím království – Dietrich Schindler ... 101
  - M4-1-1 Úvod ... 101
  - M4-1-2 Čtyři témata multiplikace v Bibli ... 101
  - M4-1-3 Biblické principy, které vedou k růstu multiplikace ... 104
  - M4-1-4 Závěr ... 107
- M4-2 Jak vznikají multiplikující se hnutí – Dietrich Schindler ... 108
  - M4-2-1 Úvod ... 108
  - M4-2-2 Načasované uvolňování ... 109
  - M4-2-3 Vzdálenost mezi generacemi ... 110
  - M4-2-4 Hloubka učednictví ... 111
  - M4-2-5 Zaměřenost ... 112
  - M4-2-6 Zaměření navenek ... 113
  - M4-2-7 Koordinátor multiplikace ... 114
  - M4-2-8 Reprodukovatelné modely ... 115
  - M4-2-9 Závěr ... 116
  - M4-2-10 Dokončit běh ... 117
- M4-3 Abyste mohli dokončit běh, musíte se o sebe starat – Terje Dahle ... 118
  - M4-3-1 Úvod ... 118
  - M4-3-2 Boží povolání ... 119
  - M4-3-3 Management času ... 122
  - M4-3-4 Získat moudrost a vědění ... 125
  - M4-3-5 Duchovní síla ... 127
  - M4-3-6 Připraveni na dlouhý běh ... 130
- M4-4 Abyste mohli dokončit běh, musíte vést sami sebe – Øivind Augland ... 131
  - M4-4-1 Úvod ... 131
  - M4-4-2 Porozumění sobě a přijetí sebe samého ... 132
  - M4-4-3 Ochota učit se a sebereflexe ... 135
  - M4-4-4 Charakter a kompetence – lidé vs. výsledky ... 140
  - M4-4-5 Jak vést vlastní rodinu ... 142
  - M4-4-6 Povolání vést hnutí ... 144
- M4-5 Od slov k činům ... 145
  - M4-5-1 k M4-1 Základní principy multiplikace v Božím království – Dietrich Schindler ... 145
  - M4-5-2 k M4-2 Jak vznikají multiplikující se hnutí – Dietrich Schindler ... 147
  - M4-5-3 k M4-3: Abyste mohli dokončit běh, musíte se o sebe starat – Terje Dahle ... 149
  - M4-5-4 k M4-4: Abyste mohli dokončit běh, musíte vést sami sebe – Øivind Augland ... 151
  - M4-5-5 Učební cíle a hodnotící škála pro zakládání sboru ... 153

Závěrečné cvičení – Týmové zamyšlení nad procesem M4 ... 156

Doporučená literatura k M3 a M4 ... 166

Jak používat M4

MASTER • MISSION • MULTIPLICATION • MOVEMENT

M4 je nástrojem, který má pomoci všem, kdo se zajímají o zakládání sborů. Je to ale více než pouhý zdroj: Má formu *procesu*, jenž vám umožní prostudovat důležité otázky, které se mohou objevit kdykoli od okamžiku, kdy začnete snít o novém společenství, až po chvíli, kdy se tento sen stane skutečností. Na konci se váš sen může změnit v živé společenství 30 nebo více lidí.

Základem M4 je velké poslání. Jsme přesvědčeni, že všichni Kristovi následovníci se mohou stát součástí vytváření živého a početně rostoucího společenství věřících. Ne každý může být průkopníkem nebo zakladatelem sboru, ale všichni můžeme být součástí pracovního týmu. Velké poslání se týká nás všech! Má-li být naplněno, musí být v Norsku, Skandinávii i celé Evropě založena nová společenství.

> „Je mi dána veškerá moc na nebi i na zemi. Jděte ke všem národům a získávejte mi učedníky, křtěte je ve jméno Otce i Syna i Ducha svatého a učte je, aby zachovávali všecko, co jsem vám přikázal. A hle, já jsem s vámi po všecky dny až do skonání tohoto věku."[1]

[1] Matouš 28,18-20

Na základě velkého poslání jsme rozpracovali *čtyři klíčové oblasti*, z nichž každá v angličtině začíná písmenem M. Jsou to:

MASTER (PÁN): „*Je mi dána veškerá moc na nebi i na zemi.*"

MISSION (POSLÁNÍ): „*Jděte ...*"

MULTIPLICATION (MULTIPLIKACE): „*... ke všem národům a získávejte mi učedníky, křtěte je ve jméno Otce i Syna i Ducha svatého a učte je, aby zachovávali všecko, co jsem vám přikázal.*"

MOVEMENT (HNUTÍ): „*A hle, já jsem s vámi po všecky dny až do skonání tohoto věku.*"

Kurz M4 je rozdělen do dvou knih: Část 1 pokrývá témata M1 – Master/Pán, a M2 – Mission/Poslání, a část 2 pokrývá M3 – Multiplication/Multiplikace a M4 – Movement/Hnutí.

Kurz M4 je určen všem, kdo se věnují zakládání nových společenství. Tyto knihy pokrývají základní témata, která budou určitě blízká všem, kdo jsou zapojeni do zakládání sborů. Kurz M4 je zamýšlen jako pomůcka pro školení pro vás i váš tým. Vše, co v těchto knihách najdete, je k dispozici také jako online video lekce. Online najdete také další materiály a zdroje – například články a rozhovory se zakladateli sborů – které se vám při procesu školení mohou hodit.

Dvě úrovně

M4 – dvě úrovně

Úroveň 1:

M4 je možné používat jako *zdroj pro zakladatele sboru jako jednotlivce i celé zakládající týmy*. Na konci každé části M4 najdete sérii cvičení, která vám mají pomoci propracovat se čtyřmi základními oblastmi, které jsme stanovili na základě velkého poslání. Knihy jsou koncipovány jako pomůcka a nástroj pro rané fáze zakládání sborů. Když je budete používat v kontextu skupiny, je důležité, aby cvičení vypracoval každý člen týmu, než se pustíte do další sekce. Doporučujeme, abyste si pro studium těchto cvičení vyhradili několik setkání vašeho základního týmu.

Knihy obsahují:

» Čtyři klíčové oblasti velkého poslání – Master (Pán), Mission (poslání), Multiplication (multiplikace) a Movement (hnutí). Ke každému uvádíme také sekundární témata.

» Týmová cvičení, příkladové studie, individuální cvičení a cíle vyučování pro každou klíčovou oblast na webových stránkách m4europe.com. Na webových stránkách najdete také šablonu pro úkoly a projekty, které je možné využít. Úkol je založen na práci, kterou jste již absolvovali v dalších cvičeních.

Úroveň 2:

M4 je možné použít také jako *prostředek pro vytvoření sítě a společenství mezi vedoucími i týmy zakládajícími nové sbory*, kde se budou moci učit ze zkušeností ostatních zakladatelů sborů. Autoři M4 jsou přesvědčeni, že zakladatelé sborů a jejich týmy potřebují další lidi, kteří jim pomohou a budou je při zakládání sboru podporovat. Setkání s jinými týmy, které jsou ve stejné situaci, může být motivací a povzbuzením a může mít i praktický přínos. Podobná setkání je možné zorganizovat v rámci regionu nebo církevního společenství, sítě nebo organizace, jejímž prostřednictvím sbor zakládáte. Po několika letech práce s M4 vidíme, že všechny týmy musí být během procesu zakládání sboru vykazatelné ostatním, aby jim pomohly soustředit se na správné věci.

[2] Další informace najdete na: www.m4europe.com

Vedoucí sítě zakládání sborů v Norsku se snaží vytvořit prostředí pro „proces školení školitelů" určený vedoucím v různých denominacích a zemích, které používají M4 jako nástroj pro zakládání sborů ve svém vlastním kontextu. Toto školení je určeno převážně pro vedoucí, kteří jsou zodpovědní za zakládání sborů v organizacích a církvích, a pro lidi, kteří jsou školiteli a kouči pro zakladatele sborů.[2]

V M4 zveme zakladatele sborů a jejich týmy, aby se připojili k procesu, který bude trvat 18 měsíců. Společně s dalšími týmy projdou školením, které zajistí zkušení vedoucí, kteří budou v celém procesu fungovat jako jejich koučové.

Tyto semináře je možné zorganizovat na regionální úrovni nebo specificky pro vaši organizaci, síť nebo církevní společenství. Frekvence a délka setkání se mohou lišit v závislosti na konkrétní situaci. Semináře se soustředí především na témata M4, ale je v nich i dostatek času pro výměnu zkušeností s jinými, spolupráci mezi různými týmy, vyučování, setkání k modlitbě a přímluvám a pro koučování ve skupině. Lidé, kteří budou používat materiál na úrovni 2, také získají:

» Přístup k videolekcím a zdrojům materiálu na interaktivní online platformě Growdly. Všichni členové týmů zakládajících nové sbory, kteří se do procesu zapojí, budou mít přístup do třídy s vlastním webovým přihlášením. Najdou zde individuální a týmová cvičení a budou mít možnost on-line kontaktu s jinými týmy.

» Pomoc, povzbuzení a následnou reakci a kontakt ze strany školených koučů, kteří při implementování procesu zakládání sborů s orientací na cíl umožní vysokou míru vykazatelnosti.

Nástroj pro první fázi zakládání sborů

M4 je pouze nástroj, takže k tomu, abyste z něj měli prospěch, budete muset jako tým vynaložit určité úsilí. Jsme přesvědčení, že Bůh si bude budovat svou církev prostřednictvím nově založených sborů, a věříme, že M4 může těm, kdo se na tomto budování budou podílet, nabídnout pomoc. Proces, kterým vás knihy provedou, vám pomůže změnit váš sen v realitu.

Uvidíte, jak váš nově zakládaný sbor roste na základní skupinu (jádro) 30-70 lidí, kteří si společně vytvoří jasnou vizi založenou na jasných hodnotách a budou oslovovat lidi a vychovávat učedníky, a jejich životy budou vzorem pro nové členy společenství. Tito lidé budou jasně vědět, k čemu Bůh povolal jejich církev nebo sbor, a budou mít jasný plán, jak to chtějí v následujících letech realizovat. To je jen několik věcí z těch, s nimiž vám M4 pomůže.

Zakládání sborů, zakládání společenství a různé modely

V knihách používáme různé termíny a pojmy, které v zásadě znamenají totéž. Mluvíme o rozjezdu nových společenství, zakládání sborů, zakládání komunit, zakládání misijních a přechodových společenství, zakládání společenství víry a dalších. Tyto různé pojmy mají odpovídat různým kontextům a jejich používání závisí na tom, co přirozeně používají lidé ve své církvi, síti nebo organizaci. Jsme si jisti, že M4 bude užitečné i ve vašem kontextu, nehledě na to, jaké pojmy budete používat.

Další pojem, který se v současné době používá, je *opětovné zakládání*. Opětovné zakládání popisuje proces, kdy je nová práce rozjížděna v rámci již existujícího, ale „umírajícího" společenství. Věříme, že strategie M4 se budou hodit i pro ty z vás, kdo pracujete na opětovném zakládání sboru.

M4 nepředkládá nějaký konkrétní model nebo metodu pro zakládání sboru. Věříme však, že je důležité zvolit si model, podle kterého budete postupovat. Pomůže vám soustředit se na ten druh společenství, který zakládáte. To, který model je nejlepší, bývá často diktováno kontextem, v němž tým pracuje, přičemž jiné týmy mohou mít mnohem širší možnosti pro výběr. M4 vám předloží otázky, které vám pomohou najít vhodný model: „Zakládáme místní sbor nebo síť společenství? Byl by pro nás nejlepší model založený na buňce[3] nebo spíše model domácí církve[4]? Pokud zakládáme společenství ve velkém městě, hledáme inspiraci u velkých církevních sítí jako Hillsong[5] nebo Redeemer[6]? Sníme o sboru, který by měl více jednotlivých společenství či stanic[7], nebo o organickém hnutí[8]? Soustředíme se na misijní společenství[9] nebo něco ještě kreativnějšího[10]?" Jsme přesvědčeni, že M4 je pracovní nástroj, který se bude hodit pro libovolný model a na cestě od snu k realitě vám poskytne potřebnou pomoc.

[3] Neighbour, Ralph W.: *Where do we go from here? A Guidebook for the Cell Group Church.* Houston, TX: TOUCH Publications, 2000. Beckham, William A.: *The second reformation.* Houston, TX: TOUCH Publications, 1997. Comiskey, Joel T.: *Home Cell Group Explosion: How Your Small Group Can Grow and Multiply.* Houston, TX: TOUCH Publications, 2002. Comiskey, Joel T.: *Planting churches that reproduce; Starting network of simple Churches.* Lima OH: CCS Publishing, 2009.

[4] Simson, Wolfgang: *Houses That Change the World: The Return of the House Churches.* OM Publishing, 2001. Původní název: *Häuser, die Welt verändern.* C & P Publishing; Emensbüll, Germany, 1999. Kreider, Larry: *House Church Networks: A Church for a New Generation.* Lititz, PA: House to House Publications, 2001.

[5] www.hillsong.com. Viz také www.hillsong.co.uk

[6] www.redeemercitytocity.com

[7] Surratt, Geoff, Ligon, Greg a Bird, Varren: *The Multi-Site Church Revolution.* Grand Rapids: Zondervan, 2011.

[8] Cole, Neil: *Organic Church: Growing Faith Where Life Happens.* West Sussex: John Wiley & Sons, 2005. Viz také web: www.simplechurch.eu

[9] Breen, Mike a Hopkins, Bob: *Cluster – Creative Mid-Sized Missional.* Sheffield: ACPI, 2009. Stetzer, Ed: *Planting Missional Churches*, Nashville, TN: Broadman & Holman Publishers, 2006. Hirsch, Alan: *The forgotten Ways.* Grand Rapids: Brazos Press, 2006.

[10] Halter, Hugh a Smay, Matt: *DNA – The Gathered and Scattered Church.* Grand Rapids: Zondervan, 2010.

„… ke všem národům a získávejte mi učedníky, křtěte je ve jméno Otce i Syna i Ducha svatého a učte je, aby zachovávali všecko, co jsem vám přikázal."

Multiplication

M 3

Multiplikace – Jděte ke všem národům a získávejte mi učedníky

M3-0
Úvod – Øivind Augland

[11] Matouš 28,19

[12] Matouš 4,19

„Jděte ke všem národům a získávejte mi učedníky, křtěte je ve jméno Otce i Syna i Ducha svatého a učte je, aby zachovávali všecko, co jsem vám přikázal. A hle, já jsem s vámi po všecky dny až do skonání tohoto věku."[11]

Ježíši příliš nezáleží na tom, kolik lidí chodí na naše setkání. To, na čem mu záleží, je, jak se staráme o jeho pracovníky, následovníky a učedníky. To je výzva pro všechny církve, ale naléhavou realitou se to stává pro ty z nás, kteří pracujeme na zakládání sborů. Z dlouhodobého hlediska je veškerý růst závislý na výchově učedníků. Pokud lidé duchovně neporostou, aby se z nich stali zralí křesťané poslušní Kristu, za několik let zjistíme, že sbor tvoří stejná skupina, s níž jsme začínali. Musíme se neustále držet principu učednictví, kdy uvidíme, jak lidé přicházejí ke spáse a začínají následovat Ježíše a pak se učí vést druhé s tím, že budou sami zakládat nová společenství. Tento princip je obrazem biblického chápání *multiplikace*.

„Pojďte za mnou," řekl Ježíš rybářům, bratrům Šimonovi a Ondřejovi poblíž Galilejského jezera. Pak dodal: „... a učiním z vás rybáře lidí."[12] O tři roky později Ježíš předal svým učedníkům své poslání. Vyzval je, aby získávali učedníky stejně jako on, a slíbil jim, že když to budou dělat, bude on budovat svou církev. Když se učedníci scházejí, stávají se církví. Shromáždění jiných lidí než učedníků nikdy nemůže být tím, co Bible označuje jako církev. *Učednictví je* proto *nejvlastnější podstatou zakládání sborů.*

Učednictví (získávání a výchova učedníků) vždy začíná uznáním toho, že Ježíš je Pán. To, co se buduje, je *jeho* království, *jeho* církev a *jeho* společenství. Ježíšovo království je v mnoha ohledech opakem současné kultury individualismu, materialismu, relativismu a osobního uspokojení. Je to obrovská výzva naučit se poslouchat vše, co Ježíš přikázal, v kultuře, kde v centru pozornosti stojí moje JÁ. V takové kultuře, která uctívá trojici „já, mne, moje", lze vnímat biblickou představu, že člověk „zapře sám sebe, vezme na sebe svůj kříž a následuje Ježíše", jako silně protikulturní. Jak můžeme vést sebestředné, sekularizované postmoderní jednotlivce k tomu, aby se stali nezištnými Ježíšovými následovníky, kteří budou chtít více dávat než dostávat a více sloužit, než aby si nechali sloužit? Jak to dělal Ježíš v době, která se od té naší zas tolik nelišila? Jak se s těmito výzvami vypořádal? To je několik z otázek, jimiž se chceme zabývat v první části dílu M3 – Multiplikace, M3-1 „Jak získávat učedníky v současné společnosti".

Učednictví se zabývá formováním a formování se odehrává prostřednictvím vzorů, modelů a příkladů. Podstatou učednictví není získávání informací *o* Ježíši, ale *být jako* Ježíš.[13] Víra není něco, co se dá *naučit*, ale něco, čím je možné se *nakazit* – je to „infekce" a jejím zdrojem jste vy a já. Čím dělám dojem na druhé – jak můj život ovlivňuje mé okolí? Jedním z lidí, kteří se tímto tématem hodně zabývali, je Romano Guardini.[14] Vliv, který člověk má na jiné lidi, rozdělil do tří kategorií: *způsob života*, *jednání* a *slova*. Guardini dochází k závěru, že jak náš způsob života, tak naše činy mají na ostatní mnohem větší vliv než naše slova. Mohu být dobrý kazatel a učitel a díky tomu mít velký vliv na druhé, ale lidi, které vedu, budu mnohem více ovlivňovat tím, *kým jsem jako člověk, a tím, co dělám*. Právě tyto dva aspekty začnou vyvolávat změny v těch, které vedu – to, kým jsem a co dělám, se stane jakousi „olovnicí", pomocí níž budou poměřovat své vlastní životy. Vedoucí multiplikují svou vizi a svůj vlastní život primárně prostřednictvím své osobnosti a způsobu, jak pracují, myslí a chovají se – prostřednictvím svého vlastního života s Ježíšem. Literatura týkající se rozvoje organizace uvádí jasnou spojitost mezi charakterem a identitou *organizace* a charakterem, identitou a příkladem *vedoucího*.[15]

Co to znamená v kontextu zakládání sboru a učednictví? Znamená to, že věci, které děláme jako základní tým – naše pozitivní i negativní stránky – se stanou DNA nového sboru a tato DNA se bude při růstu sboru reprodukovat. Jako vedoucí nesmíme dovolit, aby se kultura sboru vytvářela nahodile – musíme ji formovat záměrně tak, jak chceme, aby vypadala. Tato skutečnost se nám nemusí

---

[13] Halter, Hugh a Smay, Matt: *The Gathered and Scattered Church*. Grand Rapids: Zondervan 2010 (s. 94).

[14] Guardini, Romano: «Das Ende der Neuzeit. Die Macht». Mainz: Matthias-Grünewald-Verlag. 4. vyd., 2001.

[15] Kets De Vries, Manfred: *Reflection on Groups and Organizations*. San Francisco: Josey-Bass, 2010 (s. 92).

[16] The College of Leadership and Technology je společnou institucí norské Letniční církve a Baptistické církve. Viz: hoyskolen.org

[17] Tangen, Karl Inge: *Ecclesial Identification Beyond Transactional Individualism? A Case Study of Life Strategies in Growing Late Modern Churches.* Dizertace pro titul PhD, Oslo. MF Norwegian School of Theology, 2009 (s. 225).

[18] Frost, Michael a Hirsch, Alan: *The Shaping of Things to Come: Innovation and Mission for the 21st Century Church.* Edinburgh: Hendrickson Publication, 2003; Frost, Michael: *The Road to Missional: Journey to the Center of the Church.* Grand Rapids: Baker Books, 2011.

[19] Chester, Tim a Timmis, Steve: *Total Church: A Radical Reshaping around Gospel and Community.* Wheaton: Crossway Books, 2008. Viz také www.somacommunities.org.

[20] Breen, Mike a Kallestad, Vait: *A Passionate LIFE.* Colorado Springs: Nexgen, 2005.

[21] Skutky 2,42

moc zamlouvat, ale nelze se jí vyhnout. Musíme si proto dávat velký pozor na to, jak coby základní tým žijeme.

Karl Inge Tangen, který učí na College of Leadership and Theology poblíž Oslo v Norsku,[16] zveřejnil výzkum, který se zaměřoval na to, jak je důležité, aby se v postmoderních sborech kladl důraz na základní praxi (hlavní praktické pilíře společného života církve).[17] Když mnoho lidí ve sborové kultuře tuto základní praxi žije jako viditelné vyjádření své víry, budou noví lidé přicházející do sboru povzbuzováni, aby se nad touto praxí zamysleli, a často se rozhodnou jít stejným směrem. Tímto způsobem se realizuje učednictví. Kultura, která se ve sboru prakticky prožívá, je jedním z nejsilnějších faktorů v učednictví. V našem západním světě s jeho individualistickým přístupem ke křesťanské víře je důležité pochopit skutečnost, že naše *kolektivní vyjádření jako církevního společenství má větší vliv než samotný jednotlivec.* Tento důraz se objevuje i ve většině nové literatury věnované zakládání sborů. Misijní životní styl musí být vyjádřen prostřednictvím základní praxe sboru.[18] Například společenství Soma Fellowship si vytvořilo kulturu učednictví, kde evangelizace tvoří součást rytmu života společenství.[19] A Mike Breen ve své knize *A Passionate Life* (Život plný vášně) píše o tom, jak prosté „životní vzory" mohou pomoci při výchově učedníků, a podtrhuje význam života ve vykazatelných vztazích s jinými lidmi.[20]

V tomto komplexním světě, v němž žijeme, se potřebujeme navzájem povzbuzovat k tomu, abychom vytrvali v praxi, která je nezbytná pro naši víru. Můžeme se naplno věnovat nejrůznějším věcem, jež nám zaberou veškerý možný čas, ale jako Ježíšovi následovníci musíme pamatovat na to, že existují věci, které mají *větší význam* a jichž se podle Ježíšova povolání máme ze všech sil držet. První křesťané „vytrvale poslouchali učení apoštolů, byli spolu, lámali chléb a modlili se".[21] Tyto dvě praktické složky života rané církve si probereme důkladněji v tématech M3-2 a M3-3 a položíme si otázku: „Co to znamená pro nás dnes?"

Učedník není dokonalý ani nedělá věci dokonale – je to student nebo žák, který žije společně s Mistrem a je jím formován. Právě tento proces formování byl Pavlovou nejvyšší prioritou, když zakládal první sbory. Ve svém Listu Koloským Pavel píše, že jeho cílem je přivést všechny lidi „před Boha jako dokonalé v Kristu".[22] Učednictví se často stává jen dalším programem na seznamu sborových aktivit spolu se sérií vyučování nebo zvláštním kurzem. Když se však díváme na Ježíše, jeho model učednictví se spíše podobá „společenství života a osudu". Na sbor a církev je potřeba pohlížet jako na jednu velkou a širokou rodinu.[23] Musíme spolu trávit více času kolem stolu u večeře než kolem zasedacího stolu. K učednictví dochází, když spolu sdílíme běžný život a otevřeme si navzájem své domovy, kuchyně a ledničky. Odehrává se, když spolu začneme chodit na procházky a na nákupy. To dělal i Ježíš s učedníky. Jedním z prvků, které jsme při učednictví ztratili, je „výcvik za pochodu": vzít nového věřícího s sebou, když jdeme projevovat Boží lásku tím, že budeme pomáhat druhým nebo se modlit za nemocné. O tom píše Arnt Jakob Holvik v M3-4 „Budování kultury učednictví".

V rámci tématu M3 – Multiplikace vás chceme vyzvat, abyste se zamysleli nad tím, které prvky ve vašem společenství nejvíce pomohou vést nové věřící ke zralosti v Kristu. Jaké prvky základní praxe chcete vy i váš tým vytvořit a být v nich vykazatelní?

[22] Koloským 1,28

[23] Hellerman, Joseph H.: *When the Church Was a Family – Recapturing Jesus´ Vision for Authentic Christian Community.* Nashville: B & H Academia, 2009.

M3-1

Jak získávat učedníky v současné společnosti – Øivind Augland a Håvard Kjøllesdal

[24] 1. Korintským 12,13

M3-1-1 Úvod – Øivind Augland

Život Ježíšova učedníka charakterizuje, pohyb, změna a praktický život víry. S Božím královstvím jsou neoddělitelně spjaty procesy transformace a růstu. Vzpomínám si, jak jsem kdysi četl knihu s výroky jednoho starého moudrého muže. Napsal: „Život učedníka nás vede dolů, abychom byli stále ochotnější uznat vlastní nedostatky a slabosti. Vede nás ale také výš, abychom se učili rozpoznávat Boží svrchovanost, moc a velikost, působící v nás a skrze nás. Toto napětí dává našemu životu větší hloubku, výšku i šířku." Právě k takovému životu zveme nové křesťany – k životu, který nemáme žít sami, ale ve společenství s jinými. „Neboť my všichni, ať Židé či Řekové, ať otroci či svobodní, byli jsme jedním Duchem pokřtěni v jedno tělo a všichni jsme byli napojeni týmž Duchem."[24] Učednictví se odehrává ve vztazích s jinými lidmi a rámcem učednictví je společenství věřících. Fráze „jedni druhým" nebo „navzájem" se v Novém zákoně objevuje celkem 96krát, zatímco výraz „každý" nebo „všichni" se vyskytuje 46krát. „Jeden za druhého" je „za každého" a „všichni" jsou „navzájem". Nebo „jeden za všechny a všichni za jednoho", jak to říkají Tři mušketýři. To je biblické východisko pro učednictví. Sám jsem to zažil – ve svém životě i při zakládání sborů.

Když jsme se s manželkou usadili v Hånes hned za Kristiansandem v jižním Norsku, koupili jsme si dům. Už jsme měli rozjeté zakládání nového společenství, když ke mně Bůh nečekaně promluvil. Vzpomínám si, jak jsem seděl doma u kuchyňského stolu, když se to stalo. Měli jsme velkou kuchyni – ke stolu se tam vešlo dvanáct lidí. Byl to jeden z těch dnů, kdy těžké mraky visely hodně nízko – jak venku, tak uvnitř v domě. Řada výzev života si na nás začala vybírat svou daň. Začal jsem vést vnitřní dialog s Bohem a uvažoval, jak Bůh v tomto bodě vidí můj život. Pak jsem spatřil obraz, obraz svého života jako velké skládačky puzzle. Puzzle bylo rozložené na našem kuchyňském stole, u kterého jsem seděl. Skládalo se z mnoha kousků, přičemž každý představoval jinou oblast mého života: děti, rodiče, manželčini rodiče, školy, kam chodí naše děti, můj duchovní život a duchovní život mé rodiny, rekreační aktivity, staří a noví přátelé, sousedé, koníčky (velmi malý dílek), naše rodinné finance, auto, moje práce (přesněji řečeno několik zaměstnání), spolupracovníci, život naší rodiny v rámci sboru atd.

Všechny tyto různé dílky puzzle ležely na stole a společně tvořily obraz. Najednou mě napadlo, že pokud je toto obraz mého života, pak není vůbec snadné zjistit, co na tom obrázku vlastně je – kousky skládačky byly rozházené po celé ploše stolu.

Pokračoval jsem ve svém vnitřním dialogu s Bohem a zeptal jsem se ho: „Je tohle to puzzle, které jsi pro můj život vybral?" Snažil jsem se dílky poskládat, ale obrázek byl pořád roztříštěný a dalo se těžko rozpoznat, co to vlastně má být. Právě tehdy Bůh obrátil mou pozornost k našemu nejmladšímu synovi, kterému byly asi dva roky. Seděl na podlaze, skládal si svou vlastní skládačku a neměl s ní naprosto žádný problém.

M3-1-2   Když se dílky složí dohromady

Je spousta věcí, kterým se můžeme věnovat, mnoho věcí, jež můžeme dělat. Existuje ale také jen několik málo věcí, které jsou důležité pro náš život jako Kristových následovníků. Jsme povoláni, abychom jim byli věrní a drželi se jich tak, jako by na tom přímo závisel náš život.

Žijeme ve strhující a náročné době, kdy se zrychluje proces změny a s každým dalším dnem roste počet možností volby. Mnoho lidí, jak mladých, tak starých, to vnímá jako něco negativního, jako obrovský tlak. Každý den čelíme nelehkému úkolu, jaké priority si pro svůj každodenní život stanovit. Přesně to jsem prožíval jako manžel, otec čtyř malých dětí, zakladatel nového sboru – a to navíc k několika zaměstnáním, která jsem vykonával tak jaksi „bokem". Nebylo snadné poskládat všechny dílky mého života dohromady. Potřeboval jsem něco, co by mi s tím pomohlo.

M3-1-2-1   Nový a jednodušší životní styl

Jsem přesvědčen, že doba, v níž žijeme, přímo volá po novém a jednodušším životním stylu, který by nám pomohl v každodenním životě následovat Ježíše – kde bychom mohli jako matky a otcové zaujmout své právoplatné místo v úkolu učit své děti tak, jak to říká Přísloví: „Zasvěť už chlapce do jeho cesty…"[25] To děláme tím, že vytváříme „širší rodinu" – nové věřící „roubujeme" do rodin, které jsou dost silné na to, aby dokázaly přijmout větší počet lidí než jen své nejbližší

[25] Přísloví 22,6

[26] 1. Timoteovi 3,4-5

příbuzné. Tyto „širší rodiny" jsou místem, kde jiní lidé vidí vzory pro život, kde mohou sedět u stolu a nejen jíst, ale i diskutovat o spoustě věcí. Život je víc než jen stále rostoucí konzum. Měla by v něm neustále růst *láska*, láska, která do centra staví lidi. Přesto ti z nás, kdo jsou zapojeni do zakládání sboru, nesmí ztratit ze zřetele důraz na vlastní rodinu – a na vlastní život. „Má dobře vést svou rodinu a mít děti poslušné a počestné; nedovede-li někdo vést svou rodinu, jak se bude starat o Boží církev?"[26] Na to se podíváme blíže v M4-4. Pamatujte, že se multiplikuje naše chování a jednání, ne naše vědomosti. To platí i pro priority, které si stanovíme pro svou nejbližší rodinu. Moje děti mě toho o životě a víře hodně naučily. To se stalo i v onen den, kdy jsem seděl u kuchyňského stolu, a Bůh mě upozornil na našeho nejmladšího syna, který si v kuchyni na podlaze hrál se skládačkou.

M3-1-2-2 Co je uprostřed?

Můj syn seděl na podlaze se svou vlastní skládačkou – měla tvar pyramidy. Skládačku tvořil dřevěný díl se středovým kolíkem. Každý dílek skládačky měl uprostřed otvor. Syn bral jednotlivé díly a navlékal je na kolík. Po chvíli měl hotovou barevnou pyramidu. I když byl ještě malý, neměl problém složit z různých kousků skládačky jeden celek. Tehdy mi Bůh řekl: „To je moje skládačka pro tvůj život, Øivinde." Nebyl jsem si úplně jistý, co tím myslel, takže jsem s ním v duchu rozmlouval dál. „Co tím myslíš, Bože?" Připomněl mi slova z knihy Skutků:

> Zůstávali v apoštolském učení a ve společenství, v lámání chleba a v modlitbách.[27]

[27] Skutky 2,42 B21

[28] B21, ČSP, kral.

Došlo mi, co se mi Bůh snažil povědět: V mém životě i v životě mé rodiny existuje určitý střed, kolem něhož by se přirozeným způsobem měly uspořádat dílky mého života. Tento střed se skládá ze čtyř konkrétních praktických věcí, které mi pomáhají složit dohromady dílky mého života bez ohledu na to, kolik jich je. Není potřeba skládat dílky násilím. Jde o to, aby člověk našel přirozený střed, který všechno přirozeně drží pohromadě.

Začal jsem chápat, co mi Bůh chtěl prostřednictvím mého syna a jeho pyramidové skládačky říct. Je spousta věcí, kterým se můžeme intenzivně věnovat, mnoho věcí, jež můžeme dělat. Existuje ale jen několik málo věcí, které jsou nezbytné pro náš život v roli zakladatelů sborů, rodičů, manželských partnerů, křesťanských rodin a následovníků Ježíše Krista. Jsme povoláni, abychom je za každou cenu věrně chránili. Ale proč je nejtěžší dělat právě ty nejjednodušší věci? Proč je pro mě tak neuvěřitelně těžké poskládat dohromady všechny dílky mého života?

M3-1-2-3 Nestane se to samo

Tehdy jsem ještě nevěděl, že tyto čtyři praktické věci, které stojí v centru, se nedějí automaticky. Nestanou se přirozenou součástí rodinného života, pokud se jich nebudeme držet zuby nehty. Abych byl naprosto upřímný: Nedokážu to, nebudu-li vykazatelný někomu, kdo mě bude neustále povzbuzovat, abych je dělal. Jsem vděčný za to, že jsem byl nakonec schopen přiznat si, že potřebuji pomoc, a najít ji.

Bible říká, že první křesťané se těmto čtyřem praktickým věcem věnovali vytrvale (ČEP). Jiné překlady uvádějí, že „zůstávali v..."[28]. Toto slovo podtrhuje onen pocit vytrvalosti. Jestliže se nebudeme aktivně, vědomě a vytrvale věnovat těmto čtyřem praktickým oblastem, prostě se z našich každodenních priorit vytratí. Pokud si je vědomě nenaplánujeme do svého týdenního časového rozvrhu, najednou tady bude konec týdne a my zjistíme, že jsme nic z toho nedělali.

Mnoho lidí ví, o čem mluvím, včetně zakladatelů sborů. Jsem přesvědčen, že právě proto se dnes soustřeďujeme na čtyři základní oblasti praxe mnohem více než kdy v minulosti. Uvědomujeme si, že když si nebudeme navzájem pomáhat držet se těchto důležitých oblastí křesťanské víry, rychle ztratíme i to, co máme. Kdosi řekl: „Vzdálenost ve vztazích roste automaticky. Na blízkosti je potřeba pracovat." To platí o všech vztazích. A totéž platí i o důležitých věcech v našem životě. Za věci, které jsou pro nás cenné, musíme bojovat.

M3-1-2-4 Srovnat si priority

Jako pastor a zakladatel sboru působím již dvacet let a za tu dobu jsem se potkal se spoustou dětí, mladých lidí i dospělých. Stále naléhavěji začala vyvstávat otázka: „V našem sboru se věnujeme spoustě věcí a aktivit, ale děláme to, k čemu nás povolává Bible? Získáváme učedníky – Ježíšovy následovníky? Pomáháme manželským párům a rodinám, aby pevně stály na Božím slově a vytrvaly ve víře, nebo jen dáváme všem spoustu práce a snažíme se je zabavit různými činnostmi? Vede množství našich církevních aktivit k dělení rodin, anebo jim naopak pomáhá růst? Jsme církví, která matky a otce zbavuje zodpovědnosti za výchovu dětí a jejich růst ve víře, nebo je připravujeme, aby se ujali vedení tam, kde na tom záleží nejvíce – ve své domácnosti? Pomáháme křesťanským rodinám poskládat puzzle jejich života kolem těch nejvyšších priorit? Co potřebujeme k tomu, abychom ve své generaci vychovávali kvalitní učedníky?

Trápí vás stejné naléhavé otázky? Když se setkávám se zakladateli sborů v Evropě, zjišťuji, že množství otázek tohoto druhu v posledních několika letech vzrostlo. Ingela Wahlová ze Švédska si tyto otázky klade také. Ve své knížce *Alla åldrars församling*, která vypráví o letničním hnutí ve Švédsku, píše: „Jeden člověk mi řekl: ‚Kdyby letniční hnutí dokázalo oslovit všechny děti a vnoučata svých členů, bylo by dnes ve Švédsku kolem dvou miliónů letničních.' Silně pochybuji o tom, že lze toto tvrzení dokázat, a nemohu říct, že těmto číslům úplně věřím, ale rozhodně mi to poskytlo námět k zamyšlení."[29]

M3-1-3 Základní praxe – Øivind Augland

M3-1-3-1 „Zůstávali v..."

Začneme tím, že se podíváme na to, co pro první křesťany znamenalo, že „zůstávali v apoštolském učení a ve společenství, v lámání chleba a v modlitbách".[30] Proč bylo tak důležité, aby učedníci „zůstávali" v těchto čtyřech věcech a „vytrvale" se jim věnovali? Co to znamená vytrvale se něčemu věnovat a „zůstávat" v tom? Jaký význam měla tato slova v rané církvi?

Zkušenost ukazuje, že je důležité, aby se tým zakládající sbor rozhodl klást důraz na několik základních praktických věcí, které pak pomohou i jiným lidem k tomu,

---

[29] Wahl, Ingela: *Alla åldrars församling*. Borås: King's Kids, 2007. Viz www.kingskids.se

[30] Skutky 2,42 B21

aby se staly přirozenou součástí jejich každodenního života v práci, při odpočinku, doma a v církvi. Vaším úkolem je položit si otázku, jaké základní praktické věci budou pro členy vašeho týmu tím, čemu se budou „vytrvale věnovat". Jak bude váš tým tuto společnou praxi podporovat a jak bude v souvislosti s ní každý člen vykazatelný?

M3-1-3-2 Začít na správném místě

První křesťany nemohlo nic odradit od toho, aby se tyto čtyři oblasti staly jejich prioritou. Uvedené oblasti odrážejí to, co řekl Ježíš učedníkům: „Hledejte především jeho království"[31] a Martě: „Jen jednoho je třeba."[32] Existují určité věci, které předcházejí všemu ostatnímu a jsou důležitější než cokoli jiného. Když se budeme „vytrvale držet" *Principu 242* (Skutky 2,42), může se to stát shrnutím našeho vyznání, že Ježíš je Pán.[33] Slova „vytrvale" a „zůstávat v" se v Bibli používají i v jiných situacích: „... povzbuzovali je, aby ve svém rozhodnutí setrvali a zůstali Pánu věrni";[34] „... povzbuzovali je, aby se drželi Boží milosti";[35] „... povzbuzovali je, aby vytrvali ve víře";[36] „... budeš-li se [Boží] dobroty držet";[37] „Láska nechť je bez přetvářky. Ošklivte si zlo, lněte k dobrému";[38] „... žili důstojně a věrně lnuli k Pánu bez rozptylování";[39] „... evangelium, které ... jste přijali, které je základem, na němž stojíte..., držíte-li se ho tak, jak jsem vám je zvěstoval – vždyť jste přece neuvěřili nadarmo";[40] „Tu svobodu nám vydobyl Kristus. Stůjte proto pevně a nedejte si na sebe znovu vložit otrocké jho";[41] „... stůjte pevně v Pánu, milovaní";[42] „Nuže tedy, bratří, stůjte pevně a držte se toho učení, které jsme vám odevzdali, ať už slovem nebo dopisem";[43] „Držme se neotřesitelné naděje, kterou vyznáváme, protože ten, kdo nám dal zaslíbení, je věrný";[44] „Proto se, bratří, tím více snažte upevňovat své povolání a vyvolení. Budete-li to činit, nikdy neklopýtnete"[45].

Abychom pochopili obsah a hloubku slov, která vyjadřují myšlenku „držte se věrně", musíme se ponořit do myšlení prvních křesťanů židovského původu.

M3-1-3-3 Hospodin je náš Bůh – a Pán všech

První křesťané pocházeli převážně z řad Židů a to, k čemu je Petr volal, aby v den letnic udělali, chápali v kontextu židovského světového názoru. Pro ně všechno začínalo slovem šema, což je židovské vyznání víry: „Slyš, Izraeli, Hospodin je náš Bůh, Hospodin jediný!"[46] Uctívání jediného pravého Boha, který vyžaduje, aby byl Pánem nad každou oblastí jejich života, umožňovalo Židům vyhnout se životu pod tyranií mnoha bohů. Je *jeden* Bůh a ten je

[31] Matouš 6,33
[32] Lukáš 10,40-42
[33] 1. Korintským 8,4-6; Římanům 10,12
[34] Skutky 11,23
[35] Skutky 13,43
[36] Skutky 14,22
[37] Římanům 11,22
[38] Římanům 12,9
[39] 1. Korintským 7,35
[40] 1. Korintským 15,1-2
[41] Galatským 5,1
[42] Filipským 4,1
[43] 2. Tesalonickým 2,15
[44] Židům 10,23
[45] 2. Petrův 1,10
[46] Deuteronomium 6,4

[47] Monoteismus: Označuje ta náboženství, která mají jako centrum svého uctívání jednoho boha, v protikladu k polyteismu, kde se uctívá mnoho božstev.

[48] Římanům 10,9

[49] Římanům 11,36

[50] Hirsch, Alan: *The Forgotten Ways*. Grand Rapids: Brazos Press, 2006, s. 88-91.

Bohem nad domovem, prací, rodinou, financemi, časem, penězi, zdravím, sportovními aktivitami, bohoslužebným uctíváním, talentem a schopnostmi – nade vším. Židovský monoteismus má pro celý život jen jeden orientační bod – HOSPODINA.[47] Ti, kdo se poddají Boží vládě, již nemohou mít pro jednotlivé části svých životů různé bohy – jednoho boha pro chrám, jednoho pro politiku, jednoho pro plodnost a zdraví, jednoho pro počasí atd. Boží *vyvolení* židovského národa a *vláda* nad ním byly neoddělitelné – stejně jako nelze oddělit spasení z víry a poslušnost Ježíši jako Pánu.[48] „Vždyť z něho a skrze něho a pro něho je všecko!"[49]

„Bůh je jeden" je velká pravda, která přináší všechny aspekty našeho života pod jeho vládu, a to jak na úrovni jednotlivců, tak skupiny. Jádrem židovské víry byl velice praktický monoteismus, který tvoří pozadí, v jehož světle je potřeba vidět veškerou biblickou víru.[50] To byl střed, kolem nějž židé skládali všechny dílky svých životů.

V knize Deuteronomium vidíme, jak Bůh vydává pokyny pro všechny oblasti života židovského národa. Na Západě máme sklon vnímat uctívání Boha pouze jako jeden z mnoha aspektů našeho života. Židovskému způsobu myšlení je tato představa naprosto cizí. *Na všechny oblasti života se pohlíží jako na svaté, když se dostanou do správného vztahu s živým Bohem.* Za pravou bohoslužbu či uctívání se považuje to, když člověk miluje Boha celým srdcem, duší i silou. Proto celý židovský národ slyšel tento Boží příkaz:

> „Slyš, Izraeli, Hospodin je náš Bůh, Hospodin jediný. Budeš milovat Hospodina, svého Boha, celým svým srdcem a celou svou duší a celou svou silou. A tato slova, která ti dnes přikazuji, budeš mít v srdci. Budeš je vštěpovat svým synům a budeš o nich rozmlouvat, když budeš sedět doma nebo půjdeš cestou, když budeš uléhat nebo vstávat. Uvážeš si je jako znamení na ruku a budeš je mít jako pásek na čele mezi očima. Napíšeš je také na veřeje svého domu a na své brány. Až tě Hospodin, tvůj Bůh, přivede do země, o které přísahal tvým otcům Abrahamovi, Izákovi a Jákobovi, že ti ji dá, a dá ti veliká a dobrá města, která jsi nestavěl, domy plné všeho dobrého, které jsi nenaplnil, vykopané studny, které jsi nevykopal, vinice a olivoví, které jsi nevysadil, a budeš jíst a nasytíš se, pak si dávej pozor,

> abys nezapomněl na Hospodina, který tě vyvedl z egyptské země, z domu otroctví. Hospodina, svého Boha, se budeš bát, jemu budeš sloužit, při jeho jménu přísahat. Nesmíte chodit za jinými bohy z božstev těch národů, které jsou kolem vás, neboť uprostřed tebe je Bůh žárlivě milující, Hospodin, tvůj Bůh. Ať Hospodin, tvůj Bůh, nevzplane proti tobě hněvem a nevyhladí tě z povrchu země." [51]

[51] Deuteronomium 6,4-15

Židé chápali Boha jako toho, kdo je součástí celého jejich života. Bůh žárlivě střeží svůj lid, protože jej miluje. Hospodin chce být centrem, jádrem života svého lidu. „… *když budeš sedět doma nebo půjdeš cestou, když budeš uléhat nebo vstávat*" – to znamená během celého dne, ve všem, co děláme. „*Uvážeš si je jako znamení na ruku a budeš je mít jako pásek na čele mezi očima*" – to znamená, že vše, co dělají naše ruce, má přinášet Bohu čest – dokonce i naše myšlenky mají spadat pod jeho autoritu. Bůh je konečnou autoritou ve všech věcech, všechny dílky skládačky našeho života se shromažďují kolem něj.

Proč to musí být zrovna takto? Když se naše víra v Boha prokáže jako důvěryhodná, lze ji účinně předat další generaci. „*Budeš je vštěpovat svým synům.*" Duchovní život se předává prostřednictvím živé víry. Život plodí život. Víra se nedá naučit – dá se ukázat na vzoru. Je „nakažlivá" a přenáší se z jedné generace na druhou. Tak vypadalo pozadí životů lidí, kteří jako první přijali a začali žít křesťanskou víru. Věděli, že kdyby v některých oblastech svého života, které je poutaly s Bohem, nestáli pevně, odešli by od živé víry k mrtvé víře. Je-li víra mrtvá, už nemá moc vytvářet život. Bez činů, bez praktického uplatňování v každodenním životě se víra stává jen prázdnými slovy. V částech M3-2 a M3-3 popisuji obsah základních praktických věcí, kterým se vytrvale věnovali první křesťané. Věřím, že je důležité, abyste jako tým zakládající sbor přemýšleli o těch, v nichž chcete být vykazatelní. Kterých věcí se chcete vytrvale držet a jak se to bude projevovat v každodenním životě vašeho týmu i jeho jednotlivých členů? Je to velká výzva, protože tato praxe představuje jednání, které odporuje současné kultuře, a proto jsme jiní než ostatní. V další části se podíváme na určité problémy, jimž musel během svého života mezi lidmi a v soudobé kultuře čelit Ježíš. Lišily se tyto problémy a výzvy od těch, před nimiž stojíme dnes my?

M3-1-4 Učednictví – výzvy, které před nás staví kultura – Håvard Kjøllesdal

Ježíšovo učení o křesťanském životním stylu je radikální a realistické. Ježíš nás volá, abychom ho následovali celým srdcem a na sto procent. Žít jako učedník neznamená jen navenek upravit to, co říkáme a děláme. Není to pouhé přizpůsobení se křesťanské kultuře, ale povolání k tomu, abychom svůj život nechali projít hlubokou a radikální změnou. To se může stát jen s pomocí Ducha svatého a ve společenství dalších učedníků. V Lukášovi 12 čteme, co Ježíš učil své učedníky. Je pozoruhodné vidět, že se to velice dobře hodí i pro učedníky v dnešní době.

M3-1-4-1 Raději ztratit tvář než žít pod maskou

> Mezitím se shromáždily nespočetné zástupy, že se lidé div neušlapali. Ježíš začal mluvit nejprve ke svým učedníkům: „Mějte se na pozoru před kvasem farizeů, to jest před pokrytectvím. Není nic zahaleného, co nebude jednou odhaleno, a nic skrytého, co nebude poznáno. Proto vše, co jste řekli ve tmě, bude slyšet na světle, co jste šeptem mluvili v tajných úkrytech, bude se hlásat ze střech."[52]

To první, čeho si v tomto textu všimneme, je skutečnost, že i když se kolem Ježíše shromáždily tisíce lidí, on se soustředil na výuku svých učedníků. Odhaluje to něco stěžejního ohledně jeho priorit a zaměření. Ježíši více záleželo na hluboké změně u hrstky jednotlivců než na tom, aby oslovil velké počty lidí povrchním způsobem. Toužil vychovat učedníky, kteří berou víru vážně, ne mít svůj osobní „fanklub".

Ježíš zahajuje své vyučování tím, že učedníky varuje před pokrytectvím. V týmu zakládajícím sbor je potřeba se postavit proti pokrytectví, protože upřímnost je rozhodující prvek pro budování pravé kultury učednictví. Když Ježíši dovolíme, aby nám řekl pravdu o tom, kým je a jaké problémy vidí v našich životech, dáváme mu svolení způsobit změnu. Bude-li nám více záležet na tom, abychom si „zachovali tvář", místo abychom žili v pokoře a ochotě měnit se, nedáváme Duchu svatému prostor, aby v našich životech působil. Ježíš říká, že pokrytectví je *nakažlivé* – má na církev stejný vliv jako kvas na těsto. Nikdo nechce otevřít své srdce bratrovi nebo sestře, které považujeme za falešné či povrchní. K tomu, abychom se vyhnuli pokrytectví,

[52] Lukáš 12,1–3

je potřeba radikální upřímnost a atmosféra naplněná bázní před Hospodinem a milostí. Pokud opravdu chceme ve svém sboru vidět skutečnou kulturu učednictví, musí jít vedoucí příkladem. Být vzorem neznamená jen to, že dovolíme, aby lidé viděli jen naše silné stránky, ale že také budeme vůči ostatním otevření ohledně osobních bojů, jimiž v životě procházíme.

[53] Lukáš 12,4-5
[54] Lukáš 12,8-12

M3-1-4-2 Strach z Boha a strach z lidí

> „Říkám to vám, svým přátelům: Nebojte se těch, kdo zabíjejí tělo, ale víc už vám udělat nemohou. Ukážu vám, koho se máte bát. Bojte se toho, který má moc vás zabít a ještě uvrhnout do pekla. Ano, pravím vám, toho se bojte!"[53]

Kořenem pokrytectví je strach z lidí: strach z toho, že člověk bude mít špatnou pověst, že ztratí tvář nebo respekt. Jediným lékem na strach z lidí je podle Ježíše bázeň před Hospodinem. Musíme si navzájem pomáhat více se bát Boha než lidí – musí nám více záležet na tom, co si o nás myslí Bůh, než co si myslí jiní lidé. Jako učedníci chceme dělat všechno, co můžeme, abychom se ujistili, že máme s Bohem věci v pořádku. Když žiji s dobrým svědomím před Bohem, nemusím se ničeho a nikoho bát – jsem svobodný a v bezpečí. Mohu být člověkem, který mění svět, místo abych byl někým, kdo se světu pouze přizpůsobuje.

M3-1-4-3 Odvážné vyznání

> „Pravím vám: Každý, kdo se ke mně přizná před lidmi, k tomu se i Syn člověka přizná před Božími anděly. Kdo mě však před lidmi zapře, bude zapřen před Božími anděly. Každému, kdo řekne slovo proti Synu člověka, bude odpuštěno. Avšak tomu, kdo se rouhá Duchu svatému, odpuštěno nebude. Když vás povedou do synagóg a před úřady a soudy, nedělejte si starosti, jak a čím se budete hájit nebo co řeknete. Vždyť Duch svatý vás v té hodině naučí, co je třeba říci."[54]

Žijeme ve společnosti, která se pokouší hlas křesťanů umlčet. Na pracovištích, ve školách a médiích působí mocné síly, jež chtějí křesťany přinutit, aby byli zticha. Mnoho lidí se snaží křesťany zdiskreditovat a zabránit jim veřejně se vyjadřovat tím, že je označují za proroky konce světa a moralisty. Neměli bychom se tomuto tlaku podvolit, protože my světu neseme to absolutně nejlepší poselství. Nikdy

[55] Lukáš 12,13-15   bychom se neměli spokojit se „soukromou" vírou v Krista. Krále králů není možné vykázat z nejdůležitějších oblastí a míst společnosti.

Ježíš chce mít učedníky, kteří ho budou s odvahou vyznávat – nejen na křesťanských setkáních, ale přede všemi lidmi. Když se nás druzí snaží donutit být zticha nebo nás obviňují z nečistých motivů, musíme odolat pokušení stáhnout se se svou vírou do pasivity. Místo toho si musíme uvědomit, že bojujeme v duchovní bitvě, a hledat příležitost, jak v dané situaci hlásat evangelium. Když se setkáme s obviněními a nenávistí, přijde k nám Duch svatý a dá nám sílu svědčit o Ježíši. Budeme-li žít jako učedníci společně, můžeme se navzájem povzbuzovat, abychom v bitvě za evangelium stáli pevně, nedali se zastrašit a nemlčeli.

M3-1-4-4 Ošidná stránka materialismu

> Někdo ze zástupu ho požádal: „Mistře, domluv mému bratru, ať se rozdělí se mnou o dědictví." Ježíš mu odpověděl: „Člověče, kdo mne ustanovil nad vámi soudcem nebo rozhodčím?" A řekl jim: „Mějte se na pozoru před každou chamtivostí, neboť i když člověk má nadbytek, není jeho život zajištěn tím, co má."[55]

Zatímco Ježíš rozmlouval s učedníky, přišel k němu jakýsi muž z davu a přerušil ho. Ocitl se uprostřed rodinného sporu ohledně dědictví a chce získat Ježíše na svou stranu, aby mohl dostat svůj oprávněný podíl. Z toho, jak mu Ježíš odpověděl, se můžeme dozvědět řadu zajímavých věcí. Za prvé, vidíme, že Ježíš nechce být odpovědí na všechny otázky. Když položíme nesprávnou otázku, nemůžeme čekat, že Ježíš bude správnou odpovědí.

Zapojíme-li se do získávání a výchovy Ježíšových učedníků, narazíme na řadu otázek a problémů. Když získáváme učedníky, neřešíme tím za lidi jejich problémy – pomáháme jim následovat Ježíše. Dotyčný muž chtěl obdržet svůj dědický podíl a Ježíš poukázal na to, že jeho největším problémem je materialismus. Onen člověk ztratil schopnost jasně vidět, protože se nechal svést bohatstvím.

Kolik sourozeneckých vztahů bylo zničeno bojem o dědictví? Je snadné dívat se na to zvenčí a říkat, že ochrana rodinných vztahů je důležitější než snaha získat z dědictví co nejvíc. Lákadlo bohatství ovšem opakovaně svádí lidi k tomu, aby pro peníze obětovali i ty nejdůležitější věci v životě.

Když odevzdáme svůj život Ježíši, dá nám úplně nový soubor hodnot. Zjišťujeme, že podstatou života není vlastnictví věcí a život v pohodlí. Záležitosti, jimiž jsme se kdysi tolik zabývali, se nám teď zdají jako naprostá zbytečnost, srovnáme-li je s poznáním Ježíše a následováním ho. Materialismus pak můžeme vidět v jeho pravé podobě – Ježíš ji označuje jako *oklamání bohatstvím*. Bohatství může klamavou nabídkou svést lidi k tomu, aby odmítli to, co má obrovskou cenu, a dali přednost věcem s nepatrnou hodnotou. Přesně tak funguje každý podvod. Bohatství klame ženaté muže a svádí je k tomu, aby obětovali svá manželství kvůli své práci, a ženy svádí k tomu, aby ve jménu kariéry obětovaly své děti.

Bohatství dokáže lidi svést k tomu, aby prodali svou bezúhonnost za příležitost k povýšení. Bohatství je formou posedlosti: odvádí lidi od jejich víry a od toho, aby celým srdcem následovali Ježíše. Sebestředný život zaměřený na věci, které vlastníme, svádí boj s Boží vůlí. Když žijeme spolu s jinými lidmi jako učedníci, musíme si navzájem pomáhat, abychom viděli své priority ve světle Božího království. Žijeme proto, abychom byli bohatí v Bohu, nebo abychom budovali své vlastní království? Jsou má rozhodnutí ohledně práce a kariéry těmi nejlepšími rozhodnutími pro Boží království? Jestliže dovolíme, aby v centru našich priorit stálo Boží království, zjistíme, že Bůh nám dá všechno, co potřebujeme. Lidé lapení materialismem si nikdy nenajdou čas ani motivaci pro to, aby se účastnili misijní práce ve svém vlastním okolí. Když si ale stanovíme jako nejvyšší prioritu Boží království, uvidíme ve všech aktivitách svého běžného života příležitost k tomu, abychom mohli dobrou zprávu evangelia říkat lidem kolem sebe.

V Lukášovi 12 se od Ježíše také dozvídáme, že prakticky každou situaci v životě je možné použít jako příležitost vyučovat učedníky. Ježíš seděl a rozmlouval se svými učedníky, když se k němu prodral onen muž s problémem ohledně dědictví a přerušil ho. Ježíš si nenechal tuto příležitost ujít a využil ji k vyučování. Když před ním stojí otázka dědictví, učí své učedníky o klamavém charakteru bohatství a starostí. Budeme-li si všímat životních situací, které se kolem nás odehrávají, zjistíme, že Bůh dovoluje, aby se nám stávaly věci, jež lze snadno využít k vyučování učedníků. Učednictví neznamená projít učednickým školicím programem. Jeho podstatou je žít svůj život spolu s jinými tak, abychom se učili lépe následovat Ježíše. Když se setkáváme s Pánem života, pak se celý náš život stává prostředím, kde můžeme chodit do školy nebeského království.

[56] Lukáš 12,22-26; viz také v. 27-33

[57] Lukáš 12,35-38

M3-1-4-5 Nebojte se

> Svým učedníkům řekl: „Proto vám pravím: Nemějte starost o život, co budete jíst, ani o tělo, co budete mít na sebe. Život je víc než pokrm a tělo než oděv. Všimněte si havranů: nesejí, nežnou, nemají komory ani stodoly, a přece je Bůh živí. Oč větší cenu máte vy než ptáci! Kdo z vás může jen o píď prodloužit svůj život, bude-li se znepokojovat? Nedokážete-li tedy ani to nejmenší, proč si děláte starosti o to ostatní?" [56]

Ježíš nám chce pomoci, abychom energii investovali do věcí, které jsou důležité. Úzkost nás obírá o energii a zaměření, jež potřebujeme k tomu, abychom dělali tu službu, kterou nám svěřil. Jestliže chceme jako zakladatelé sboru uspět, musíme se naučit svěřovat své obavy do Božích rukou a spoléhat na jeho péči. To odvede naše zaměření a modlitby od našich vlastních potřeb a dovolí nám to soustředit se na to, co leží na srdci Bohu ve vztahu k lidem kolem nás, a spolupracovat s Pánem žně.

M3-1-4-6 Ujít 100 % z cesty

> „Buďte připraveni a vaše lampy ať hoří. Buďte jako lidé, kteří čekají na svého pána, až se vrátí ze svatby, aby mu hned otevřeli, až přijde a zatluče na dveře. Blaze těm služebníkům, které pán, až přijde, zastihne bdící. Amen, pravím vám, že se opáše, posadí je ke stolu a sám je bude obsluhovat. Přijde-li po půlnoci, či dokonce při rozednění a zastihne je vzhůru, blaze jim." [57]

Život křesťana není ani rychlý sprint, ani občasné proběhnutí se v parku. Je to běh na dlouhou trať. Proto nás Ježíš nabádá, abychom vytrvali a žili s očima upřenýma na to, co je důležité. Každý den je důležitý – každý, který věnujeme službě Bohu. Vychovávat učedníky znamená pomáhat si nebýt „služebníky naoko" (dělat to, co je správné, jen když se někdo dívá), ale sloužit Bohu celým srdcem, i když není kolem nikdo, kdo by to viděl. Máme bdít na modlitbách a žít každý den pro Ježíše s vědomím, že odměňuje ty, kdo mu slouží. Jako zakladatelé sboru musíme žít takovým způsobem, aby nám to pomohlo vytrvat až do konce. Musíme se učit hořet pro Ježíše, aniž bychom přitom vyhořeli. Chceme-li dorazit až do Božího království, jsou nezbytné zdravé návyky, které se týkají péče o ducha, duši a tělo.

M3-1-4-7 Obstát v boji

"Oheň jsem přišel uvrhnout na zemi, a jak si přeji, aby se už vzňal! Křtem mám být pokřtěn, a jak je mi úzko, dokud se nedokoná! Myslíte, že jsem přišel dát zemi pokoj? Ne, pravím vám, ale rozdělení! Neboť od této chvíle bude rozděleno v jednom domě pět lidí: tři proti dvěma a dva proti třem; budou rozděleni otec proti synu a syn proti otci, matka proti dceři a dcera proti matce, tchyně proti snaše a snacha proti tchyni." [58]

[58] Lukáš 12,49-53

[59] Jan 15,18-20; 16,33

[60] Skutky 2,42-46

Být učedníkem Ježíše Krista znamená být neustálou hrozbou pro síly temnoty. Všichni, kdo žijí v bázni před Hospodinem, se musí naučit těmto zlým mocnostem vzdorovat a být odolní. Proto potřebujeme jedni druhé, abychom věděli, jak máme bojovat. První učedníci s tímto vědomím žili.[59] Ježíš chce, abychom se soustředili na vnitřní pokoj, který od něj dostáváme – zvláště když následování Ježíše obnáší konflikt a konfrontaci. První učedníci si museli spočítat náklady, které s sebou přinese život, k němuž patřily i vnější bitvy. My jsme vyrostli v kultuře a společnosti, kde si lidé vysoce cení pohodlí a kompromisu, ba někdy je přímo vyhledávají. Tím v nás ale vzniká napětí, když jsme konfrontováni s Ježíšovým poselstvím. Mnozí lidé se ve své víře stali „neviditelní" a bezmocní, protože se nikdy nedokázali vymanit z této „svěrací kazajky" přizpůsobování se. Ti z vás, kteří byli v armádě a jasně řekli, že jsou křesťané, mi asi dají za pravdu, že se setkali nejen s verbálními urážkami a obtěžováním ze strany jiných vojáků, ale i s velkou dávkou úcty a řadou hlubokých rozhovorů o duchovních otázkách. Vojáci, kteří se během služby v armádě snaží být jako křesťané nenápadní, pak často bloudí „poušti průměrnosti" a vnitřního zmatku a zjišťují, že je těžké osvobodit se ze jha pornografie, sprostého vyjadřování a nemravných vtipů, které jsou charakteristické pro vojenskou kulturu „pravých chlapů".

Musíme si vzájemně podpořit ve chvílích, kdy jsme zesměšňování, napadání či ostrakizování. Podstatou skutečného učednictví není odstranění problémů a výzev, jimž v životě čelíme. Jeho podstatou je povzbuzovat se k tomu, abychom dokázali se vztyčenou hlavou obstát ve výzvách, které přijdou v důsledku toho, že se více bojíme Boha než lidí. Když je naše víra zkoušena, buduje se v nás zbožný charakter, který je pro Boha mnohem cennější než zlato. Vzhledem k tomu, že i první křesťané prožívali podobné těžkosti, můžeme se podívat na to, jak oni „zůstávali" ve věcech, které je posilovaly jak v jejich vnitřním životě, tak v jejich společenství.[60]

M3-2

Učení apoštolů a modlitby – Harald Giesebrecht a Øivind Augland

[61] Skutky 5,20

[62] Titovi 2,1

[63] Titovi 1,8-9

[64] 1. Timoteovi 6,3

[65] 2. Timoteovi 1,13-14

[66] 2. Timoteovi 4,3

M3-2-1 Úvod do učení apoštolů – Øivind Augland

Bible říká, že první křesťané „zůstávali" v učení apoštolů. Učení apoštolů je v zásadě to, co nám bylo předáno v podobě Nového zákona. Skutky apoštolů ho označují jako „slovo života"[61] – je to poselství, které zahrnuje celý život. Boží slovo je základem, na němž budujeme svůj život. Poskytuje našemu životu kořeny, takže jsme schopni obstát, když se rozpoutají bouře života. Dává mu směr, smysl a naději. Pavel musel svým učedníkům neustále připomínat, aby se drželi „zdravého učení", aby zasvětili svůj život učení, které jim bylo předáno. Zvlášť dobře to vidíme v Pavlových dopisech Titovi a Timoteovi: „Ty však mluv, co odpovídá zdravému učení."[62] „Má být ... pevný ve slovech pravé nauky, aby byl schopen jak povzbuzovat ve zdravém učení, tak usvědčovat odpůrce."[63] „Jestliže někdo učí něco jiného a nedrží se zdravých slov našeho Pána Ježíše Krista a učení pravé zbožnosti... "[64] „Měj za vzor zdravých slov to, co jsi slyšel ode mne ve víře a lásce, která nás spojuje v Kristu Ježíši. Svěřený poklad chraň mocí Ducha svatého, který v nás přebývá."[65] „Neboť přijde doba, kdy lidé nesnesou zdravé učení, a podle svých choutek si seženou učitele, kteří by vyhověli jejich přáním."[66]

Je těžké držet se „zdravého učení", když je v našem myšlenkovém světě tolik „smetí", které není v souladu s Boží vůlí. Pokud nebudeme mít jako základní autoritu v životě Boží slovo a když o něm nebudeme denně rozjímat, uvidíme, jak se skládačka našeho života začne rozpadat. Je důležité, abychom to jako zakladatelé sborů brali vážně. V nadšené snaze oslovit lidi můžeme snadno udělat kompromis v tom, kolik času trávíme nad Božím slovem. Zakladatelé sborů se často hodně orientují na akci a činy. Sednout si a studovat Bibli, číst ji, přemýšlet o Božím slovu a rozjímat nad ním jim občas může připadat těžké a časově náročné, ale je to nezbytně nutné, chceme-li zažít dlouhodobý duchovní růst.

Zdravé učení chráníme, když se učíme žít v pokání. Pokání znamená dívat se na věci z Boží perspektivy, souhlasit s tím, jak je vidí Bůh, přijmout jeho hodnocení, myšlenky a soudy. Mohu začít scházet z cesty v tom, jak se dívám na různé věci nebo jak o nich přemýšlím, ale pak přijde Bůh a ukáže mi, že to já jsem se zatoulal, ne on. Pak změním způsob myšlení a začnu žít podle toho, co Bůh řekl.

Je to změna, která se odehrává hluboko v mém nitru. Boží slovo začne ovlivňovat všechny oblasti mého života. Pevně se držet Božího slova znamená dovolit Bohu, aby mě pomocí svého slova soustavně měnil a korigoval.

M3-2-2 Jak dát prostor moci – Harald Giesebrecht

M3-2-2-1 Úvod

Když v Bibli poprvé slyšíme o Božím slově, klade se tam důraz na tvořivou moc mluveného slova. Bůh mluví, Duch působí a věci se dějí tak, aby se splnilo, co si Bůh přeje: „Země byla pustá a prázdná a nad propastnou tůní byla tma. Ale nad vodami vznášel se duch Boží. I řekl Bůh: ‚Buď světlo!' A bylo světlo."[67] „Veškeré Písmo je vdechnuté Bohem," píše Pavel.[68] I tento obraz je převzat z toho, jak příběh stvoření pokračoval: „I vytvořil Hospodin Bůh člověka, prach ze země, a vdechl mu v chřípí dech života. Tak se stal člověk živým tvorem."[69]

Když Bůh vdechne svého Ducha, jeho slovo ožívá. Bez Ducha jsou slova jen inkoust na papíře. Slova jsou pouhými informacemi a informace samy o sobě nemají moc proměňovat. V zahradě v Edenu byl strom, který nabízel poznání dobra a zla. Tento strom se však stal stromem smrti. Život spočíval v něčem jiném. Pavel k tomuto tématu napsal: „[Bůh] nás učinil způsobilými sloužit nové smlouvě, jež není založena na liteře, nýbrž na Duchu. Litera zabíjí, ale Duch dává život."[70] Bůh nepřestal vdechovat do svého slova svého Ducha. Když otevíráme Slovo, můžeme se modlit, aby nám ho Bůh oživil. Pak budeme prožívat proměňující a tvořivou moc Ducha a slova. „Slovo Boží je živé, mocné a ostřejší než jakýkoli dvousečný meč; proniká až na rozhraní duše a ducha, kostí a morku, a rozsuzuje touhy i myšlenky srdce."[71] Jak to tedy můžeme prožívat ve svém vlastním životě?

Ježíš vyprávěl podobenství o člověku, který zasel semeno, jež rostlo a přineslo úrodu.[72] Semenem je slovo, říká Ježíš, a my jsme půda. Semeno je tak nabité silou růst, že vyklíčí bez ohledu na to, do jaké půdy padne. Síla k růstu nespočívá v půdě – tuto schopnost má semeno samo v sobě a dá jí průchod v okamžiku, kdy se k němu dostane voda a sluneční teplo. Ale to, jak *hluboko* semeno do půdy zapadne, i to, na jakém *místě* a v jakém čase může semeno – Boží slovo – zakořenit, to je něco, co ovlivnit můžeme. „Semeno v dobré zemi jsou ti, kteří uslyší slovo, zachovávají je v dobrém a upřímném srdci a s vytrvalostí přinášejí úrodu."[73]

[67] Genesis 1,2-3
[68] 2. Timoteovi 3,16-17 B21
[69] Genesis 2,7
[70] 2. Korintským 3,6
[71] Židům 4,12
[72] Lukáš 8,4-15
[73] Lukáš 8,15

[74] Koloským 3,16

M3-2-2-2 Slovo v prachu

Pokud vy nebo vaši kolegové v týmu máte problém se čtením Bible, nejste sami. Zakladatelé sborů jsou často lidé orientovaní na aktivity a nedaří se nám vždycky udělat si čas, který potřebujeme k rozjímání nad Božím slovem, aby mohlo zakořenit a začít v našich srdcích růst.

Možná si tým bude muset udělat čas a prostor na to, aby si jeho členové navzájem mohli říct, co se učí z Božího slova a jak ho mohou uplatňovat ve svém životě, ne jen mluvit o týdenním plánu akcí. Prostřednictvím společného studia Božího slova vedoucí objasňují, za čím si zakládající tým stojí. Jednou možností je to, že si budeme na každém setkání vedoucích číst něco z Božího slova. Některé týmy vedoucích na setkání věnují minimálně 20 – 30 minut studiu Slova a modlitbě. Asi to není dlouhá doba, ale mnoho vedoucích sborů přiznává, že dělat to pravidelně nemusí být vůbec snadné.

Hodnota vytváření takovýchto návyků je ovšem nevyčíslitelná. Moji rodiče vždy měli vyhrazenou ranní chvilku, kdy jsme společně otevřeli Bibli, přečetli si několik veršů a pomodlili se, než jsme všichni vyběhli z domu. Nepamatuji si obsah ani jediného z těchto čtení, ale naučil jsem se, že mám Ježíši a jeho slovu dávat ve svém životě ústřední místo. Když mám teď vlastní děti, zkoušeli jsme s manželkou různé způsoby, jak dát Božímu slovu místo v naší rodině. Tím či oním způsobem chceme svým dětem dát jasně najevo, že Kristovo slovo zaujímá v našich životech skutečně ústřední místo.[74]

Švédský kazatel a učitel Runar Eldebo říká, že poradenská setkání vždy začíná Božím slovem a modlitbou. Nejen že se tím vytvoří dobrá atmosféra pro setkání, ale je to i jakési prohlášení, že rámcem poradenské schůzky je Boží slovo. Znám spoustu dalších lidí, kteří dělají totéž.

Jak to vypadá ve vašem týmu? Jak se může nový učedník sledováním vašeho týmu naučit číst Bibli jako Boží slovo a brát ji vážně?

M3-2-2-3 Společné čtení Božího slova a poslušnost tomu, co říká

> První křesťané neseděli jen tak tiše doma ve svém pokoji a nečetli si Bibli sami pro sebe. Scházeli se, slyšeli kázání slova a pak diskutovali o tom, co slyšeli. Když čteme o tom, jak Pavel v Troadě kázal tak dlouho, až Eutychos usnul a vypadl z okna, určitě nás napadne, že to musel být opravdu dlouhý, monotónní a nudný monolog. Avšak řecké

slovo, které je zde použito, zní dialegomai a souvisí s naším slovem dialog[75]. Přesně tímto způsobem učili židovští rabíni jako Ježíš a Pavel: slovo bylo něčím, o čem se mluvilo a debatovalo v dialogu s jinými.

[75] Skutky 20,9

[76] Skutky 8,27-30

[77] Zjevení 1,3

[78] Koloským 4,16

Možná je pro nás někdy těžké si uvědomit, že předtím, než Gutenberg v roce 1455 vynalezl tiskařský lis, neměla většina lidí Bibli k dispozici. A teprve během 19. století se lidé naučili číst natolik dobře, aby mohli mít své vlastní chvilky pro čtení Bible. Běžný člověk kdysi za celý život nepřečetl tolik stránek, kolik jich je v Bibli. Dnešní průměrné noviny obsahují více slov, než kolik jich rolník v 18. století přečetl za celý život. Připouštím, že čtenářské dovednosti se více rozvinuly v oblastech, kde převládal pietismus, protože duchovní život jejich obyvatel byl spojen se čtením Písma. Ale i tam bylo zvykem, že lidé, kteří uměli číst lépe, předčítali Boží slovo nahlas a zbytek skupiny naslouchal. A i velký počet těch, kdo uměli číst, musel číst *nahlas*, aby pochopili, co čtou. V Ježíšově době to nejspíš vypadalo podobně: jen malé procento populace umělo číst a většina z těchto lidí musela číst *nahlas*, aby pochopila smysl textu. Jen hodně bohatí lidé si mohli dovolit své vlastní svitky s knihami, jak se o tom píše ve Skutcích:

> Filip se vydal k té cestě a hle, právě přijížděl etiopský dvořan, správce všech pokladů kandaky, to je etiopské královny. Ten vykonal pouť do Jeruzaléma a nyní se vracel na svém voze a četl proroka Izaiáše. Duch řekl Filipovi: „Běž k tomu vozu a jdi vedle něho!" Filip k němu přiběhl, a když uslyšel, že ten člověk čte proroka Izaiáše, zeptal se: „Rozumíš tomu, co čteš?"[76] (podtržení přidáno)

Zde následují další dva příklady toho, jak lidé četli slovo *nahlas* a jak ho další *poslouchali*:

> Blaze tomu, kdo předčítá slova tohoto proroctví, a blaze těm, kdo slyší a zachovávají, co je tu napsáno, neboť čas je blízko.[77]

> Až tento list u vás přečtete, zařiďte, aby byl čten také v laodikejské církvi a abyste vy četli list Laodikejským.[78]

[79] Koloským 3,16

[80] Filipským 4,2-3

To samozřejmě neznamená, že je špatné číst si Bibli sám pro sebe. Právě naopak: můžeme to považovat za jedinečné privilegium, které v dnešní době máme. Bible je v naší části světa k dispozici komukoli a kdykoli a můžeme ji používat, kdy se nám zachce. Většina z nás má dnes Bibli dokonce i v chytrém telefonu a často hned v mnoha překladech. Lepší už to snad ani být nemůže!

Ovšem ti z nás, kdo bojují s tím, aby dokázali dodržovat svůj osobní plán studia Bible, snad najdou útěchu ve skutečnosti, že osobní čtení Písma je v dějinách církve relativně nový jev a že studium Bible bylo dříve něco, co lidé dělali společně ve skupině.

Pavel nás nabádá:

> Nechť ve vás přebývá slovo Kristovo v celém svém bohatství: se vší moudrostí se navzájem učte a napomínejte a s vděčností v srdci oslavujte Boha žalmy, chválami a zpěvem, jak vám dává Duch.[79]

Všemi těmito zvuky – vyučováním a napomínáním s moudrostí pomocí žalmů, písní a chval v Duchu – vyjadřují následovníci Ježíše Krista své vzájemné pochopení a prožívání. Jen si představte, jak mocné to je, když skupina lidí, kteří čtou společně Boží slovo, také zná problémy, otázky a pokušení, s nimiž se ostatní potýkají!

M3-2-2-4 Příklad z Bible

Představte si, že se jmenujete Syntyché a žijete ve Filipech. Jdete na setkání, abyste si poslechli, co se píše v nejnovějším dopise, který přišel od Pavla, zakladatele vašeho sboru. Dopis právě dorazil a všichni se plní vzrušení schází. Jeden z těch, kdo umějí číst, se už připravil, že přečte dopis tak, jako by ta slova říkal sám Pavel. Najednou doslova nadskočíte, když slyšíte, jak Pavel říká:

> Euodii domlouvám i Syntyché domlouvám, aby byly zajedno v Pánu. Ano i tebe prosím, můj věrný druhu, ujmi se jich; vždyť vedly zápas za evangelium spolu se mnou i s Klementem a ostatními spolupracovníky, jejichž jména jsou v knize života.[80]

Nejste si tak úplně jistí, co byste měli cítit. Předčitatel se odmlčel. Všichni se na vás dívají. Máte dobrý pocit z toho, že vás i ostatní Pavel pochválil za vaše úsilí, a z toho, když slyšíte, že vaše jméno i jména vašich bratří a sester v Kristu jsou zapsána v knize života. Ale Pavel má pravdu, když píše, že nežijete se všemi v souladu, což není dobré pro společenství církve. A nyní vás celý sbor pozoruje a očekává, že s tím něco uděláte. Váhavě pohlédnete na Euodii a všimnete si, že Synzygos[81] sedí hned za ní. Najednou zjišťujete, že vstáváte ze svého místa, jdete přes místnost k Euodii, sedáte si vedle ní a ptáte se: „Odpustíš mi?" Euodia vás nakonec obejme a Synzygos vás obě později pozve k sobě domů, abyste si promluvili o všem, co se mezi vámi a Euodií stalo. Zdá se, že si celá skupina najednou vydechla úlevou a radostí.

Muž, který čte Pavlův dopis, si odkašle a pokračuje:

> Radujte se v Pánu vždycky, znovu říkám, radujte se! Vaše mírnost ať je známa všem lidem. Pán je blízko. Netrapte se žádnou starostí, ale v každé modlitbě a prosbě děkujte a předkládejte své žádosti Bohu. A pokoj Boží, převyšující každé pomyšlení, bude střežit vaše srdce i mysl v Kristu Ježíši. Konečně, bratří, přemýšlejte o všem, co je pravdivé, čestné, spravedlivé, čisté, cokoli je hodné lásky, co má dobrou pověst, co se považuje za ctnost a co sklízí pochvalu. Čemu jste se u mne naučili, co jste přijali a uslyšeli i spatřili, to čiňte. A Bůh pokoje bude s vámi.[82]

Během všech těch let, kdy jsem se věnoval učednictví, jsem nikdy neviděl nic, co by lidi více proměňovalo, než když skupina lidí společně zkoumá, chápe a poslouchá Boží slovo – dokonce i když ji tvoří jen dva nebo tři lidé. Paradoxně je nakonec *méně biblické*, když lidé dávají přednost soukromému studiu Bible místo studiu ve skupině! Jednání lidí, kteří cítí, že jsou naprosto závislí na studiu Božího slova s jinými, se více podobá tomu, co dělali první křesťané, aby se pevně drželi učení apoštolů.

M3-2-2-5 Jak by to vypadalo dnes?

Ježíš nám přikázal: „Jděte ke všem národům a získávejte mi učedníky…, učte je, aby zachovávali všecko, co jsem vám přikázal."[83] Jak v praxi děláme to, čím nás Ježíš pověřil?

---

[81] Filipským 4,3 – řecké slovo „synzygos" použité v textu se v češtině překládá jako „věrný druh" (ČEP), „věrný spojenec" (B21); jeden z možných výkladů ale umožňuje považovat toto slovo za vlastní jméno, což určitým způsobem využívají norské překlady – pozn. př.

[82] Filipským 4,4-9

[83] Matouš 28,18-19

[84] Matouš 7,24-27

[85] Viz Skutky 19,9 a 23

[86] Scandrette, Mark: *Practicing the Way of Jesus: Life Together in the Kingdom of Love.* Downers Grove, Il: InterVarsity Press, 2011.

[87] Lukáš 11,1

V Matoušovi 7 Ježíš říká:

„A tak každý, kdo slyší tato má slova a plní je, bude podoben rozvážnému muži, který postavil svůj dům na skále. Tu spadl příval, přihnaly se vody, zvedla se vichřice, a vrhly se na ten dům; ale nepadl, neboť měl základy na skále. Ale každý, kdo slyší tato má slova a neplní je, bude podoben muži bláznivému, který postavil svůj dům na písku. A spadl příval, přihnaly se vody, zvedla se vichřice, a obořily se na ten dům; a padl, a jeho pád byl veliký."[84]

První křesťané byli označováni jako ti, kdo patří k Cestě.[85] Následování Ježíše byl způsob života. Jak to vypadá dnes? Bible vypráví příběh, který se táhne od stvoření po dobu apoštolů. Zmiňuje také, že až přijde konec, bude svět obnoven. Nicméně kapitoly dějin mezi dobou apoštolů a Ježíšovým návratem píšeme my *svými vlastními životy.* Musíme se podívat na učení Ježíše a apoštolů, abychom zjistili, co říkají o tom, jak se máme držet jejich učení *v současnosti.*

Mark Scandrette ve své knize *Practicing the Way of Jesus: Life Together in the Kingdom of Love* píše o tom, že shromáždil skupiny lidí, aby v rámci experimentu zkusili dělat to, co nám Ježíš říká. Zjistil, že není vždy jasné, jak by měli lidé převést slova Bible do praxe 2000 let poté, co byla napsána – a když už to zjevné je, není vždy snadné podle nich poslušně jednat. Proto je dobré číst Bibli *s jinými lidmi,* diskutovat a „hádat se", co Boží slovo říká, debatovat, experimentovat, povzbuzovat se navzájem, učit se od druhých a naslouchat společně Duchu svatému. Uvádění slova do praxe ve společenství s jinými lidmi, kteří ctí a milují Ježíše jako svého Pána, vede jak k vnitřní proměně, tak ke konkrétnímu jednání, jež přináší požehnání světu.[86]

Chceme vás jako tým zakládající sbor vyzvat, abyste už teď začali rozvíjet tento proces objevování, jak být Ježíšovým učedníkem v dnešní kultuře, aby se noví věřící, kteří se k vám připojí, také mohli učit žít podle Božího slova a ve společenství s ostatními.

M3-2-3 Úvod k modlitbě – Øivind Augland

Už dříve jsme zmiňovali, jak důležitá je modlitba, když pracujeme na založení nového společenství. Učedníci požádali Pána Ježíše: „Pane, nauč nás modlit se,"[87] protože viděli, že modlitba zaujímala v Ježíšově vlastním životě a službě ústřední místo.

Vidíme také, jak se raná církev shromažďovala k modlitbě.[88] Když Lukáš popisoval, jak se modlili, napsal: „Ti všichni se svorně a vytrvale modlili…"[89] *Vytrvale se modlili*. Toto slovo je možné také přeložit jako *zůstávali, drželi se, byli zajedno nebo ve shodě* a dělali to *pravidelně*. Modlitba v rané církvi se vyznačovala *vědomím významu a účelu*.

Učedníci byli v modlitbě věrní a vytrvalí a měli ve svých modlitbách společný cíl a zaměření. Jejich modlitby byly jednomyslné a svorné. Modlili se ve shodě. Totéž vidíme později v knize Skutků – po vlně těžkostí a pronásledování se církev opět shromáždila. Čteme: „Když to bratří uslyšeli, pozdvihli jednomyslně hlas k Bohu…"[90] Co se během tohoto modlitebního setkání opravdu odehrálo? Bible neříká, jak ono modlitební shromáždění vypadalo. Zaznamenává ale obsah modliteb, které učedníci předkládali Bohu.[91] Je důležité si všimnout, že modlitba, kterou se modlili, se skládala z větší části z textů ze Starého zákona. Modlitba je také nasloucháním Bohu, slyšením toho, co chce říct. Je možné, že Duch svatý různým lidem ve skupině připomenul různá slova a zaslíbení Písma, která přímo mluvila do situace, v níž se nacházeli.

Když učedníci naslouchali, co jim chtěl Bůh říct, odpověděli Bohu slovy jeho zaslíbení v jednotné víře a důvěřovali v přímý Boží zásah.

> Když to bratří uslyšeli, pozdvihli jednomyslně hlas k Bohu a řekli: „Pane, který jsi učinil nebe i zemi i moře a všecko, co je v nich, ty jsi skrze Ducha svatého ústy našeho otce Davida, svého služebníka, řekl: ‚Proč zuří pohané hněvem a národy osnují marná spiknutí? Povstávají králové země a vladaři se srocují proti Hospodinu a jeho Mesiáši.' Opravdu se srotili v tomto městě Herodes a Pontius Pilát spolu s pohany i s národem izraelským proti tvému svatému služebníku Ježíšovi, kterého jsi posvětil, a vykonali, co tvá ruka a tvá vůle předem určila. Pohleď tedy, Pane, na jejich hrozby a dej svým služebníkům, aby s odvahou a odhodlaně mluvili tvé slovo; a vztahuj svou ruku k uzdravování, čiň znamení a zázraky skrze jméno svého svatého služebníka Ježíše."[92]

[88] Skutky 1,12-14; 4,24 a násl.
[89] Skutky 1,14
[90] Skutky 4,24
[91] Skutky 4,24-30
[92] Skutky 4,24-30

[93] Skutky 4,31-32

[94] Jan 14,13-14

Co se tam ve skutečnosti odehrávalo? Učedníci se Boha ptali na jeho vůli v konkrétní situaci. Pak přijali slovo od Pána. Lépe řečeno, přijali vhled a myšlenky, které ve víře sdělili skupině, protože věřili, že to si pro ně Bůh přeje. V jednotné modlitbě se drželi toho, co jim Bůh řekl, a očekávali, že Bůh udělá, zač se modlili. Totéž prožili v den letnic. Modlili se s velkým očekáváním, že se splní Ježíšův slib, že pošle Ducha svatého. Vidíme úžasné výsledky tohoto působivého modlitebního setkání:

> Když se pomodlili, otřáslo se místo, kde byli shromážděni, a všichni byli naplněni Duchem svatým a s odvahou mluvili slovo Boží. Všichni, kdo uvěřili, byli jedné mysli a jednoho srdce a nikdo neříkal o ničem, co měl, že je to jeho vlastní, nýbrž měli všechno společné.[93]

Modlitba a naslouchání Bohu jsou při zakládání nového sboru zásadní. Bůh má často mnohem lepší odpovědi na naše problémy a těžkosti než my. Tým, který se naučil naslouchat společně Bohu a slyšet, co Duch říká církvi, zůstane silný a obstojí, když se vyskytnou problémy. Tým, který se učí modlit se v jednotě, a dokonce se společně postí, uvidí, jak Bůh udává v těžkých časech službě směr. S takovoutou modlitbou je spojen úžasný slib: „A začkoli budete prosit ve jménu mém, učiním to, aby byl Otec oslaven v Synu. Budete-li mne o něco prosit ve jménu mém, já to učiním."[94]

Ačkoli má modlitba mnoho aspektů, výše zmíněný typ modlitby je při zakládání nového společenství klíčový. Co to pro váš tým znamená na praktické rovině? Může to znamenat, že se rozhodnete (1) vždy všechna shromáždění a setkání vedoucích začínat tím, že Bohu poděkujete, budete věnovat čas modlitbě a naslouchání Bohu; (2) budete mít pravidelná modlitební setkání týmu, budete se modlit společně i jedni za druhé a také za konkrétní problémy, kterým tým čelí.

Pro váš tým může být přirozené zavázat se ke každodennímu modlitebnímu rytmu, kdy se jeho členové několikrát denně na pět až deset minut zastaví a budou se modlit za službu zakládání sboru, jedni za druhé a za kontakt s nevěřícími, za své rodiny, sousedy a přátele. Některé týmy se scházejí k modlitbám několikrát týdně po ránu nebo mají pravidelné modlitby odpoledne. Můžete si položit otázku: „Jak můžeme být jako tým v modlitbách vytrvalí? Co to znamená pro můj vlastní život?"

M3-2-4 Učíme se modlit – Harald Giesebrecht

Vaše modlitby formují váš duchovní život s Bohem. Jak se ale můžeme navzájem učit modlit? Jak učíme nového učedníka mít trvalý duchovní život s Bohem? Musíme novým učedníkům dát možnost nahlédnout do svého vlastního modlitebního života, což můžeme přirozeně udělat ve skupinách a během soustředěného období přímluv. Neexistuje lepší způsob výuky. Co ale náš každodenní modlitební život – chvíle, kdy jsme s Bohem sami? Je náš soukromý modlitební život v rovnováze? Můžeme ho použít jako standard, který mohou ostatní napodobovat?

> Tak také Duch přichází na pomoc naší slabosti. Vždyť ani nevíme, jak a za co se modlit, ale sám Duch se za nás přimlouvá nevyslovitelným lkáním.[95]

Ti, kdo prosí Ducha svatého, aby je v modlitebním životě vedl, často zjišťují, že jejich modlitby se dostávají na úplně novou úroveň moci. Jak Bohu umožňujeme formovat naše modlitby?

Ježíš říká, že jeho slovo *v nás musí* při modlitbě *zůstávat*. „Zůstanete-li ve mně a zůstanou-li má slova ve vás, proste, oč chcete, a stane se vám."[96]

Často zanedbávaným nebo nesprávně používaným příkladem jedné z modliteb zaznamenaných v evangeliích je Modlitba Páně. Mnoho let jsem opravdu nechápal její význam. Působila na mě jako ono pohanské „mluvení naprázdno", před nímž nás Ježíš varuje v úvodu k této modlitbě.[97] Pak jsem ale zjistil, jak osvobozující to může být, když se při modlitbě opřeme o Ježíšova vlastní slova, a jak smysluplné a mocné může být, přineseme-li své životy Bohu. Modlitbu Páně pravidelně používám jak ve svém osobním modlitebním životě, tak v přímluvách. Modlitba Páně je více než jen modlitba – je to přehled toho, na co by se měly naše modlitby jako učedníků soustředit. Ježíš říká: „Vy se modlete takto..."[98] a ve Velkém poslání nás nabádá, abychom ostatní lidi učili všemu, co nám přikázal.[99]

M3-2-4-1 Modlitba Páně

Ježíš své vyučování o modlitbě začíná slovy:

> „A když se modlíte, nebuďte jako pokrytci: ti se s oblibou modlí v synagógách a na nárožích, aby byli lidem na očích;

[95] Římanům 8,26
[96] Jan 15,7
[97] Matouš 6,7
[98] Matouš 6,9
[99] Matouš 28,20

[100] Matouš 6,5-6
[101] Viz Lukáš 18,10-14.
[102] Matouš 6,7-8
[103] Matouš 6,9 kral.

amen, pravím vám, už mají svou odměnu. Když ty se modlíš, vejdi do svého pokojíku, zavři za sebou dveře a modli se k svému Otci, který zůstává skryt; a tvůj Otec, který vidí, co je skryto, ti odplatí."[100]

Ježíš zde mluví o modlitbě „realizované ve skrytosti" – naší osobní a soukromé modlitbě. Židé se rádi modlili nahlas, a to dokonce i v soukromí. Někteří se se svými soukromými modlitbami přesunuli na ulice nebo do chrámu, aby tak všichni slyšeli, jak jsou duchovní.[101] Ježíš řekl, že by bylo lepší, kdyby se k modlitbě zavřeli v nějaké komůrce. Na pocitu, že musíme využít svůj modlitební život k tomu, abychom předvedli, jak jsme duchovní, je něco špatného. Některé modlitby by měly zůstat mezi námi a Bohem. Ježíš často odcházel sám na pustá místa, kde jeho modlitby nemohl nikdo slyšet.

„Při modlitbě pak nemluvte naprázdno jako pohané; oni si myslí, že budou vyslyšeni pro množství svých slov. Nebuďte jako oni; vždyť váš Otec ví, co potřebujete, dříve než ho prosíte."[102]

Ježíš chce těmito slovy říct, že modlitba nemá sloužit k tomu, abychom něčeho dosáhli – není to žádné působivé náboženské „cvičení", které by nějak mohlo přesvědčit Boha, aby udělal to, co po něm chceme. Podstatou modlitby není obtěžovat Boha tak dlouho, až nám začne věnovat pozornost nebo dokud konečně nedá na naše prosby. V modlitbě nejde o to, aby se člověk předváděl jako někdo extrémně zbožný nebo se snažil najít ta pravá slova či mít ten správný pocit. V modlitbě jde výhradně o vztah s Bohem jako naším Otcem. On naprosto dokonale ví, co potřebujeme – dlouho předtím, než se vůbec začneme modlit. Jedna žena z našeho sboru mi pověděla, že někdy sedí v autě a modlí se: „Tak jsem zase tady, Otče. Cítím se ve stresu. Jsem zahořklá, v depresi a vzteklá. V tuhle chvíli se nemám moc ráda a nechci s tebou zrovna teď mluvit. Ale vím, že to potřebuju – že potřebuju *tebe*!" Myslím, že Bůh Otec takovou modlitbu slyší opravdu rád.

Ježíš nám poskytuje konstruktivní rámec toho, jak vést rozhovor s Bohem. Vyzývá nás, abychom začali tím, že se soustředíme na Boha jako našeho Otce:

„Otče náš, kterýž jsi v nebesích…"[103]

Těchto několik slov obsahuje tři důležitá témata, která nás v okamžiku, kdy se je modlíme, povzbuzují a zároveň před nás staví výzvu.

[104] Genesis 1,1; 1. Královská 8,27

Bůh je Otec – ten otec, kterého možná někteří z nás nikdy neměli..., dobrý Otec, který nás bezpodmínečně miluje, věří v nás a povzbuzuje nás, abychom šli dál – Otec, s nímž se mnozí z nás musí setkat, aby byli uzdraveni z bolestivých zážitků a zkušeností se svými vlastními otci. V této kratičké větě je dost materiálu na to, abychom o něm rozjímali a přemýšleli celé dny. Je to výchozí bod všech modliteb: musíme opravdu vědět, kým Bůh skutečně je.

Vzpomínám si, jak se ke mně poprvé přibatolil náš prvorozený synek, zvedl ručičky nad hlavu, usmál se na mě a nadšeně křičel: „Tata!" Bylo to tak nádherné, až jsem se zalykal slzami. Měl jsem svého chlapečka tak moc rád, že to až bolelo, když jsem viděl, jak moc mi důvěřuje. Krátce nato jsem seděl na pláži a začal jsem přemýšlet. Poprvé v životě mi došlo, že Bůh možná cítí totéž ke mně, že se raduje nad mou prostou důvěrou v něj a že se mu po mně stýská, když ho moje srdce opouští. Toto zjevení bylo natolik silné, že jsem se přímo tam na pláži rozbrečel a plakal jsem snad půl hodiny.

Došlo mi také, že to je podstatou uctívání: pozvedat ruce v důvěře k Bohu, našemu milujícímu Stvořiteli a Spasiteli, uvědomit si, že on je velký a mocný, kdežto my malí a závislí na něm, a že přesně tak to má být. Nebyl by problém o této jediné větě – „Otče náš, kterýž jsi v nebesích..." – meditovat třeba celou hodinu.

Ježíš se však nemodlil „Můj Otče". Svou modlitbu začal slovy „Otče náš". Otec, který mě tak moc miluje, miluje všechny – dokonce i ty lidi, které já moc rád nemám. Nikdy se nepodívám do tváře člověka, jehož můj Otec nemiluje stejnou bezpodmínečnou láskou jako mě. Všichni jsme děti téhož Otce. Jsme sestry a bratři a musíme se k těm, které Otec tolik miluje, chovat s láskou a úctou. Modlitba „Otče náš" nemá vliv jen na můj vztah s Bohem – není jenom o mně. Má dopad i na způsob, jakým se chovám k lidem kolem sebe.

Modlitba pokračuje slovy „v nebesích". Nebe se zdá být opravdu hodně daleko. Židé však nechápou nebe jako něco velmi vzdáleného. Bůh stvořil nebe a zemi a přesunul se do nebes (ačkoliv ho nebesa nemohou obsáhnout).[104] A nebesa sahají až na zemi. Horší by bylo, kdyby modlitba zněla: „Otče náš, který jsi v Jeruzalémě." Jeruzalém je pro Evropany daleko, pokud se tam ovšem nevypraví na dovolenou. Ale nebesa jsou *stále s námi*. V Bibli nebesa představují Boží neviditelnou realitu. Dokonce, i když mezi nebem a zemí vznikla propast, kterou se

[105] Matouš 6,26
[106] Matouš 6,10 kral.
[107] Matouš 6,33
[108] Matouš 6,11 kral.
[109] Matouš 6,12 kral.

Ježíš snaží překlenout, nebe neleží za nějakou vzdálenou galaxií. Bůh naplňuje *celý vesmír*. Je nám tak blízko jako vzduch, který dýcháme, aktivně působí v atmosféře. „Pohleďte na nebeské ptactvo: neseje, nežne, nesklízí do stodol, a přece je váš nebeský Otec živí. Což vy nejste o mnoho cennější?"[105]

„... Přijď království tvé. Buď vůle tvá jako v nebi tak i na zemi."[106]

Jako Boží děti neseme Boží jméno. Jako synové a dcery Krále jsme vyslanci jeho království. Ježíš řekl: „Hledejte především jeho království a spravedlnost, a všechno ostatní vám bude přidáno."[107] Zde na počátku modlitby vyznáváme, že naše životy jsou součástí většího příběhu, nádhernější reality, důležitějšího poslání. Máme dát zemi okusit něco z nebe – přímo tam, kde jsme. Máme lidem ukazovat, že Bůh je láska, aby se také mohli radovat v jeho jménu. K tomu ale potřebujeme Boží pomoc. Pro zakladatele sboru i učedníky je úžasně osvobozující, když můžeme začít modlitbu připomínkou, že nejsme ani hlavními postavami, ani režiséry celého příběhu. Máme neuvěřitelnou výsadu, že smíme hrát roli ve velkém Božím příběhu a být součástí skvělých věcí, které dělá ve svém království i jeho prostřednictvím.

„Chléb náš vezdejší dej nám dnes."[108]

To je část Modlitby Páně, která vrhá jasné světlo na naši každodenní závislost na Otci. Možná je to ten nejdůležitější aspekt života Ježíšova učedníka. Máme se modlit za to, aby Bůh naplnil naše potřeby *dnes*. Očekává se, že budeme Boží péči o nás čekat *dnes*. Ježíš řekl, že před Otce máme přicházet každý den s prázdnýma rukama, abychom od něj mohli přijímat. Existuje mnoho křesťanů, kteří tohoto práva nikdy nevyužijí. Myslí si, že žádat o něco je trapné, dokonce i když jde o Boha. Ovšem jedním z nejzákladnějších aspektů křesťanského života je naučit se denně od Boha přijímat a uvědomovat si naši naprostou závislost na něm. Přijít před Boha s prázdnýma rukama přináší úžasnou svobodu, což platí i pro zakladatele sboru.

„A odpusť nám viny naše, jakož i my odpouštíme našim viníkům."[109]

Tato část Modlitby Páně zdůrazňuje skutečnost, že existují dva rozměry: naše odpuštění druhým a to, že je odpuštěno nám. Musíme přijmout Boží odpuštění, přivlastnit si onu štědrost, která zrušila všechny naše dluhy a osvobodila nás. A pak musíme této štědrosti dovolit, aby vzkvétala v našem společenství a vztazích s ostatními, vzdát se svého práva používat proti lidem jejich chyby a selhání. To je obzvlášť důležité v kontextu zakládání sboru, kde je běžné, že jiní nebudou správně rozumět tomu, co děláme, kde nás lidé, kteří jsou pro nás vzorem, čas od času zraní. Rozhodneme-li se, že člověku, který nám nějak ublíží, odpustíme, povede to k větší lásce. Mnoho lidí si volí jako alternativu k odpuštění určitý způsob dehumanizace druhého člověka. Například: „Odmítám nechat se znovu zranit někým, kdo je tak sobecký a hloupý." Taková strategie dlouho nevydrží a nevede k větší lásce. Brání vám přiznat si, že jste byli opravdu zraněni, což znamená, že dovolíte, aby ve vás zakořenila hořkost. Nejlepší strategií je přiznat si, že jste byli zraněni, říct: „Skutečně mě zranil" a pak, aniž byste jakkoli zlehčovali, co se stalo, povědět: „Zranilo mě, co řekl. Myslím si, že právě on mě měl pochopit. Ale odpouštím mu." Abychom to dokázali, potřebujeme k tomu nadpřirozenou pomoc, a rozhodně není bez důvodu, že nás Ježíš nabádá, abychom si tyto myšlenky vnesli do svého každodenního modlitebního života.

> „I neuvoď nás v pokušení, ale zbav nás od zlého. Neboť tvé jest království, i moc, i sláva, na věky, Amen."[110]

Ježíš se v této poslední části Modlitby Páně soustřeďuje na to, jak nás Bůh vede a chrání – zdůrazňuje význam těchto prvků v našich každodenních modlitbách. Již jsme psali o tom, že se máme učit naslouchat Bohu. Ti, kdo vyzývají mocnosti temnoty a brány pekla na souboj, potřebují mimořádnou Boží ochranu. Nikdy nesmíme zapomenout, že zakládání sboru je duchovní bitva.

Pro mě je Modlitba Páně vynikající každodenní připomínkou toho, co je podstatou života učedníka. Proto je tak skvělou pomůckou, která mi umožňuje vnášet do mého modlitebního života rovnováhu. Používám ji jako rámec pro své modlitby, které však samozřejmě formuluji vlastními slovy.

Mike Breen shrnuje celou Modlitbu Páně do sedmi témat:

> Boží jméno, Boží království, Boží vůle, Boží péče, Boží odpuštění, Boží vedení a Boží ochrana.[111]

Témata Modlitby Páně zobrazují i korálky na modlitebním náramku zvaném „Kristova koruna". Jednotlivé aspekty představují korálky v různých barvách:

[110] Matouš 6,13 kral., s dodatkem, který se nalézá v několika pozdních rukopisech. Norský (a také český kralický) překlad ho přijímá jako část původního verše.

[111] Breen, Mike a Kallestad, Walther P.: *The Passionate Church*. Colorado Springs: NexGen (značka Cook Communications Ministries), 2005.

[112] Viz kirkensunge.dk na http://bit.ly/kirkDoc Staženo 10. prosince 2012.

» Zlatý korálek: nebeský Otec

» Perleťový korálek: já jako Boží dítě, které nese jeho jméno

» První bílý korálek: pokání vůči Bohu a jeho království

» Pískový korálek: formování jeho vůle

» Modrý korálek: odvážné přijetí Božího požehnání

» Dva červené korálky vedle sebe: Boží láska a štědrost ke mně a moje láska a štědrost vůči ostatním

» Tři perleťové korálky: mé vlastní skryté modlitby k Bohu

» Černý korálek: temná noc duše, pokušení a zkoušky (kterými nás Bůh také provází)

» Druhý bílý korálek: záchrana před zlem, vzkříšení z mrtvých a život, který přijde

» Poslední zlatý korálek, který člověka vede k tomu, aby se modlil Modlitbu Páně. [112]

Kdykoli se může stát, že se vám jedno nebo dvě témata budou jevit jako více relevantní pro váš život než jiná, proto je v pořádku, když budete těmto oblastem věnovat větší část svých modliteb. Další oblasti však také mohou poskytnout cenné pohledy na situaci, v níž se nalézáme, což rozvíjí naši víru.

Například hlavním tématem mých dnešních modliteb může být potřeba Božího vedení a rady. Budeme-li se modlit pomocí struktury dané Modlitbou Páně, začneme se na věc dívat z perspektivy, že Bůh je náš Otec, který nás miluje a má zájem o to, aby naším prostřednictvím rozšiřoval své království, a že nás touží láskyplně vést na místo, které pro nás ve svém království má. Tímto procesem roste naše víra.

Stává se, že využívám Modlitbu Páně i v případě, když se přimlouvám za jiného člověka. Mohu se například modlit, aby tento člověk prožíval a přijímal lásku, kterou k němu Bůh Otec má, aby byl naplněn radostí pokaždé, kdy pomyslí na Boha, aby pro něj Boží království bylo více než jen slova, aby byl obklopen přítomností nebes, aby ho každodenní Boží péče a zaopatření naplňovaly větší vírou a vděčností, aby v něm a skrze něj mohla k druhým jako řeka proudit Boží štědrost, aby Bůh v každém okamžiku vedl a chránil jeho i jeho rodinu…

Protože je tak snadné zapadnout do zaběhaných kolejí a udělat z modlitby jakési představení před Bohem (nebo před dalšími lidmi), může nás modlitba, kterou nás učil Ježíš, pomoci, abychom se uvolnili.

M3-2-4-2 Modlitba k Ježíši

Další modlitba, kterou evangelia často opakují, zní:

„Ježíši, Pane, Mesiáši, smiluj se nad námi."

Slepý Bartimaios se takto modlil a obdržel zrak.[113] Další muž, jehož syn byl posedlý nečistým duchem, vyslovil tuto modlitbu a jeho syn byl osvobozen.[114] Deset mužů postižených malomocenstvím volalo na Ježíše tuto prosbu z velké dálky a byli uzdraveni.[115] Kananejská žena se takto přimlouvala za svou nemocnou dceru a dostala to, co si přála.[116] Dva slepí muži přímo křičeli tato slova a nabyli zrak.[117] Výběrčí daní se v chrámu modlil podobným způsobem a bylo mu odpuštěno.[118]

Někteří Ježíše oslovovali „Ježíši, synu Davidův" (což byl titul Mesiáše). Jiní se prostě modlili „Pane" a další „Ježíši, Mistře". Církev nakonec tuto modlitbu standardně vyjadřuje slovy: „Pane Ježíši Kriste, Synu Boží, smiluj se nade mnou hříšníkem." Po celá staletí se však lidé modlili i zkrácenou verzi, třeba „Pane Ježíši Kriste, smiluj se", nebo dokonce ještě stručněji: „Kyrie eleison" – Pane, smiluj se. Tato modlitba pomohla spoustě lidí, protože v pouhých několika slovech toho o Ježíši říká nesmírně mnoho.

Prostřednictvím této modlitby k Ježíši vyznáváte Ježíše jako Pána. Vyznáváte, že je Spasitel (*Ježíš* znamená „Bůh je spása"), a vyznáváte, že je Král (*Kristus* znamená „pomazaný" – což je královský titul Mesiáše). Jinými slovy, když se modlíte k Ježíši, modlíte se vyznání víry, které bylo důležité už pro první křesťany: „Ježíš je Pán"[119] a „Ježíš je Kristus (Mesiáš)".[120] Je také Boží Syn, Bůh, který se stal člověkem, jako jste *vy*, a který také rozumí tomu, jaké to *je být vámi*.

Když nejdříve pronesete tuto modlitbu k Ježíši, než mu v modlitbě předložíte své potřeby, pak vyznáte, že je schopen učinit to, oč ho prosíte (pro-

---

[113] Marek 10,46-52

[114] Matouš 17,14-15

[115] Lukáš 17,12-13

[116] Matouš 15,22

[117] Matouš 9,27

[118] Lukáš 18,13-14

[119] Římanům 10,9-10; 1. Korintským 12,3

[120] 1. Janův 2,22

[121] Římanům 1,9

[122] 2. Timoteovi 1,3. Viz také Efezským 1,15-17; Filipským 1,3-4; 1. Tesalonickým 1,2; Římanům 10,1; 2. Korintským 13,7-9.

tože je Pán a Boží Syn), že to chce udělat (protože je Spasitel), že jste součástí jeho úžasného příběhu (protože je váš Král a Král nového království, jehož občany jste se stali) a že vám rozumí (protože je váš Starší bratr).

V evangeliích čteme, že lidé, kteří takto volali k Ježíši, byli uzdraveni, bylo jim odpuštěno nebo obnovili vztah se svými milovanými. Smilování spočívá v tom, že se s vámi Ježíš setkává ve vaší nejhlubší potřebě přímo v situaci, za niž se modlíte.

Je to modlitba pro všechny situace. Člověk nemá vždy čas na dlouhé modlitby – vedete závažný rozhovor, chystáte se odejít na důležité setkání výboru, cítíte tlak skupiny, nátlak ke kompromisu, tíhu pokušení, jste netrpěliví, vyděšení, vyčerpaní, máte pochybnosti. Intenzivně si uvědomujete skutečnost, že kdyby věci závisely na vaší víře, vaší volbě slov nebo osobním šarmu, neměli byste šanci. Pak si ale uděláte chviličku na pomalou modlitbu: Pane … Spasiteli … Králi … Bratře … *smiluj se nade mnou*.

Je to fantastická modlitba, kterou můžeme naučit nové křesťany. Je biblická: určitě není bez důvodu, že evangelia tuto modlitbu uvádějí opakovaně, a jistě se nestala součástí liturgie církve omylem. Dokážeme se ji naučit za pár vteřin a kdykoli se těmito slovy modlíme, vyznáváme své spasení. Není to modlitba, která by byla působivá svými slovy nebo vírou. Je to prostá modlitba hříšníka, který prosí o slitování, prosba bezmocného o pomoc, připomínka závislému, že Bůh má moc osvobodit. A pokud dokážeme pochopit, kolik toho tato modlitba obsahuje, často zjistíme, že k tomu, abychom okamžitě vstoupili do Boží přítomnosti, nic víc nepotřebujeme.

M3-2-4-3 Přímluva

Skutky apoštolů a Pavlovy dopisy nás vtahují do skutečného hnutí zakládání sborů. Stále znovu vidíme, jak důležité místo zaujímala v Pavlově službě modlitba a přímluva – jako by nás zcela záměrně bral s sebou k jádru svého modlitebního života:

> Bůh, jemuž z celé duše sloužím evangeliem o jeho Synu, je mi svědkem, jak na vás bez ustání pamatuji.[121]

> Děkuji za tebe Bohu, kterému sloužím s čistým svědomím jako moji předkové, když na tebe neustále myslím ve svých modlitbách ve dne v noci.[122]

Důvodem, proč za ně v modlitbě bojoval, bylo jeho přesvědčení, že se nalézá uprostřed duchovní bitvy, v níž je možné zvítězit jen modlitbou:

> Rád bych, abyste věděli, jak těžký zápas tu podstupuji pro vás, pro Laodikejské i pro ty, kteří mě ani osobně neznají.[123]
>
> Pozdravuje vás Epafras, váš krajan, služebník Krista Ježíše, který o vás stále zápasí modlitbami, abyste stáli pevně a věrně plnili Boží vůli.[124]
>
> Jsme ovšem jenom lidé, ale svůj zápas nevedeme po lidsku. Zbraně našeho boje nejsou světské, nýbrž mají od Boha sílu bořit hradby. Jimi boříme lidské výmysly.[125]
>
> Nevedeme svůj boj proti lidským nepřátelům, ale proti mocnostem, silám a všemu, co ovládá tento věk tmy, proti nadzemským duchům zla. … Proto vezměte na sebe plnou Boží zbroj, abyste se mohli v den zlý postavit na odpor, všechno překonat a obstát. … V každý čas se v Duchu svatém modlete a proste, bděte na modlitbách a vytrvale se přimlouvejte za všechny bratry i za mne, aby mi bylo dáno pravé slovo, kdykoliv promluvím. Tak budu moci směle oznamovat tajemství evangelia, jehož jsem vyslancem i v okovech, a svobodně je zvěstovat, jak je mi uloženo.[126]

Ježíš se osobně modlil za učedníky a duchovní boj, v němž se ocitli:

> „Šimone, Šimone, hle, satan si vyžádal, aby vás směl tříbit jako pšenici. Já jsem však za tebe prosil, aby tvá víra neselhala; a ty, až se obrátíš, buď posilou svým bratřím."[127]

Význam tohoto typu modliteb, po nichž Pavel toužil a které v praxi používal, je nedocenitelný. Hnutí učedníků, jež neustále oslovuje lidi a získává je pro Boží království, se setká s duchovním odporem. Pro váš tým je důležité, aby vás podporovali další lidé, kteří se za vás budou modlit. Je také naprosto nezbytné, abyste i vy sami svou práci zalévali modlitbami, zvláště v oblasti získávání nových učedníků. Pokud má hnutí zakládání sborů růst, musíte se stát vzorem

[123] Koloským 2,1

[124] Koloským 4,12

[125] 2. Korintským 10,3-4

[126] Efezským 6,12-13 a 18-20

[127] Lukáš 22,31-32

tohoto modlitebního boje, a to takovým způsobem, že se stane přirozenou součástí fungování sboru.

Ve své vlastní situaci jsme to vždy nebrali dostatečně vážně, ale rozhodně to potřebujeme. Před řadou let jsem v této oblasti dostal novou lekci, když jedno africké společenství začalo používat stejné prostory, které jsme si pronajímali my. Byl to sbor, který rozuměl potřebě modlitby, a jednou se jeho členové modlili během celého měsíce listopadu. Nepřimlouvali se jen za sebe, ale za všechny lidi, kteří žili v této oblasti, a za všechny sbory, jež se tam scházely. Jediné, co se k tomu můžeme říci, je, že všechny sbory v dané oblasti intenzivněji prožívaly Boží přítomnost a požehnání. Lidé, kteří přišli na naše sborová shromáždění, aniž by věděli o onom soustředěném modlitebním úsilí, začali mluvit o tom, že ve společenství vnímali Boží přítomnost jako nikdy předtím. Sbor začal znovu prožívat růst. A nejhorší bylo, že jsme neudělali vůbec nic, abychom si to zasloužili – to onen druhý sbor za nás odvedl veškerou práci v modlitbě! Duchovní probuzení v našem okolí dodalo novou energii i našemu vlastnímu sboru, i když máme před sebou v této oblasti ještě pořád dlouhý kus cesty.

Také jsme se naučili (trochu pozdě), jak je důležité mít skupiny oddaných přímluvců, kteří se za sbor soustavně modlí. Když mi Bůh znovu začal připomínat, že je potřebujeme, povzdechl jsem si s trochou zoufalství před někým ve sboru: „Jak ale pro všechno na světě najdeme lidi, kteří jen neřeknou, že se budou modlit, ale opravdu to budou dělat, systematicky a dlouhodobě?" Skutečně jsem neznal moc lidí, kteří by do této kategorie patřili. „Kde takové lidi najdeme?" ptal jsem se Boha. Když jsem se ten večer vrátil domů, dostal jsem e-mail od jedné ženy, která mi napsala, že se věnuje službě přímluv a ráda by se pravidelně modlila za náš sbor. Bůh tyto lidi našel za mě – téměř každý týden během onoho podzimu na seznam přímluvců, kteří se za nás věrně modlili, přibývalo další jméno. A řeknu vám, že jsme si toho rozdílu opravdu všimli! Napadlo mě, že kdybychom už dříve vzali modlitbu vážněji, mohli jsme být ušetřeni některých obtíží a tragédií, které jsme jako sborová rodina zažili.

M3-2-4-4 Shrnutí

Je důležité, aby byl váš tým vytrvalý v modlitbách. Je nezbytné, aby jeho členové uctívali Boha, naslouchali mu a modlili se společně. Je také důležité zalévat práci modlitbou, a to jak vlastními modlitbami, tak modlitbami věrných přímluvců. A konečně je stejně tak důležité, aby každý člen vašeho týmu měl modlitební život, který se bude moci stát vzorem novým učedníkům a jemuž se budou moci naučit. Každý učedník musí mít přímé spojení s Ježíšem, aby se učil mu naslouchat a přijímat od něj duchovní stravu a pokyny. Má každý z vás soustavný a dlouhodobý modlitební život jak osobně, tak ve skupině křesťanů? Pokud ne, doporučujeme, abyste si to stanovili jako další významný krok poslušnosti Božímu slovu, na němž byste se mohli podílet a účastnit se ho společně.

M3-3

Společenství a lámání chleba – Øivind Augland a Andreas Nordli

[128] Xpand je evropská síť křesťanů, kteří pracují na rozvoji vedení ve sborech, organizacích a v podnikání. Viz: www.xpand.net

[129] www.egonzehnder.com

[130] Skutky 2,42 B21

[131] Matouš 3,17

[132] Jan 8,29

[133] Matouš 12,31

[134] Jan 16,14

M3-3-1 Úvod ke společenství – Øivind Augland

V roce 2010 jsem se účastnil semináře o vedení, který pořádala organizace Xpand-Europe.[128] Jedním z vedoucích byl Egon Zehender, který vyučoval o trendech v rozvoji vedení z globální perspektivy.[129] Byl to oddaný křesťan a vyzýval nás jako křesťanské vedoucí a školitele: „Celý globální trh se přesouvá od ‚byrokracie' ke ‚komunitě'. V době, kdy se proces rozhodování zrychluje a tempo změny a přerodu se zvyšuje, vzniká potřeba růstu dovedností v oblasti mezilidských vztahů. Otevřenost, důvěra, sdílení zdrojů, respekt vůči rozdílům, to jsou důležité klíčové pojmy. Kdo má tu nejlepší příručku a podmínky pro budování zdravých společenství na světě? Křesťané. Ale patří v této oblasti k těm nejlepším na světě?" Pomyslel jsem si: Nezačali jsme se v našich denominacích a organizacích soustřeďovat na byrokracii a programy natolik, že jsme ztratili to, co bylo největší devizou rané církve – společenství mezi lidmi? „Zůstávali ... ve společenství..."[130]

Během uplynulých dvaceti let práce na zakládání sborů v Norsku a Skandinávii jsem viděl, že prakticky všechny nové sbory vznikly tam, kde se nejdříve utvořila menší společenství (buňky, skupinky společenství, skupinky křesťanského života, skupinky studia Bible apod.). Panuje všeobecná shoda, že pokud chceme, aby nový sbor dlouhodobě rostl, musíme budovat struktury, které novým křesťanům umožní, aby byli naroubováni do společenství, kde budou moci růst tím, že budou své životy sdílet s jinými křesťany. Jsem přesvědčen, že model pro tento druh společenství vidíme ve vztazích uvnitř Boží Trojice.

M3-3-2 Společenství má původ u Boha – Øivind Augland

Všechny křesťanské denominace vyznávají víru v trojjediného Boha. Zamyslete se nad tím na okamžik. Bůh Otec miluje Syna a raduje se z něj,[131] Ježíš přijímá tuto lásku a dělá radost Otci tím, že je poslušný a milující Syn,[132] který má v úctě Ducha,[133] zatímco Duch oslavuje jak Otce, tak Syna.[134] Každá osoba Trojice miluje, ctí a oslavuje ty ostatní a přijímá od nich lásku a čest. Nikdy mezi nimi nevzniká pocit neúplnosti. Jejich vzájemné společenství a jednání vyjadřuje dokonalou lásku, dokonalé společenství a dokonalou vzájemnou podřízenost. Trojjediný

Bůh, který je věčný, vždy existoval v podobě důvěrného společenství a chce, aby lidé mohli prožívat tutéž kvalitu společenství. Řekl: „Učiňme člověka, aby byl naším obrazem podle naší podoby."[135] Láska Otce, Syna a Ducha svatého se vyznačuje touhou zahrnout do společenství, které sdílejí, i jiné bytosti. Zahrada Eden nebyla rájem proto, že byla krásná, ale protože to bylo místo s nenarušenými vztahy. Bylo to místo dávání a přijímání, vlastností, které se vyskytují v prostředí pravého společenství.

M3-3-2-1 Vertikální poselství kříže

Ježíš žil v důvěrném společenství se svým Otcem: „Amen, amen, pravím vám: Syn nemůže sám od sebe činit nic než to, co vidí činit Otce. Co činí Otec, stejně činí i jeho Syn. Vždyť Otec miluje Syna a ukazuje mu všecko, co sám činí..."[136] Učil učedníky, že i pro ně může být Bůh Otcem: „Otče náš, jenž jsi v nebesích."[137] Když Ježíš zemřel na kříži, otevřel cestu k tomu, aby jiní mohli prožívat Otcovu blízkost: „Protože Ježíš obětoval svou krev, smíme se, bratří, odvážit vejít do svatyně cestou novou a živou, kterou nám otevřel zrušením opony – to jest obětováním svého těla."[138] Už dříve jsme psali o „povolání". Naším nejhlubším a nejzákladnějším povoláním je žít v důvěrném společenství s Bohem: „Věrný je Bůh, který vás povolal do společenství se svým Synem, naším Pánem Ježíšem Kristem."[139] Můžeme to označit za vertikální poselství kříže: Bůh otevřel cestu k tomu, aby mezi ním a lidmi mohlo existovat společenství. Hřích, který je rozděloval, je pryč.

To však není celé poselství kříže, jen jeho vertikální část. Hřích v zahradě Eden nevedl pouze k narušení společenství mezi Bohem a lidmi, ale i mezi lidmi navzájem. *Vertikální* poselství kříže je, že společenství s Bohem bylo obnoveno skrze Krista. *Horizontální* poselství kříže je, že i společenství mezi lidmi bylo obnoveno prostřednictvím Krista. Nejprve dochází k obnovení našeho společenství s Bohem a následně s jinými lidmi skrze Krista a jeho dílo na kříži. Proto Jan píše: „Jestliže však chodíme v světle, jako on je v světle, máme společenství mezi sebou a krev Ježíše, jeho Syna, nás očišťuje od každého hříchu."[140] Když Jan píše o setkání s Ježíšem, mluví o tom, co učedníci slyšeli, viděli a čeho se dotýkali: „Co jsme viděli a slyšeli, zvěstujeme i vám, abyste se spolu s námi podíleli na společenství, které máme s Otcem a s jeho Synem Ježíšem Kristem."[141]

V tomto textu spatřujeme něco z významu obsaženého v řeckém slově „koinonia", které se často překládá jako „společenství". Je to kombinace vertikální a horizontální dimenze, lidské a božské. Slovo „koinonia" popisuje důvěrné společenství, které Ježíš otevřel mezi Bohem a lidmi a mezi lidmi navzájem.[142] Když

[135] Genesis 1,26

[136] Jan 5,19-20

[137] Matouš 6,9

[138] Židům 10,19-20

[139] 1. Korintským 1,9

[140] 1. Janův 1,7

[141] 1. Janův 1,3

[142] Toto slovo je v Novém zákoně použito 69krát.

[143] Jan 13,34-35

[144] Židům 10,24

[145] *The Amplified Bible.* Grand Rapids, Zondervan, 1958 (1985); s. 351.

[146] 1. Korintským 14,26

[147] Židům 3,13

[148] Židům 10,24

lidé prožívají mezi sebou toto společenství milosti, znázorňuje to Boží povahu – je to obraz toho, kým Bůh je. Proto Ježíš říkal učedníkům, že se mají navzájem milovat: „Nové přikázání vám dávám, abyste se navzájem milovali; jako já jsem miloval vás, i vy se milujte navzájem. Podle toho všichni poznají, že jste moji učedníci, budete-li mít lásku jedni k druhým."[143]

Latinské slovo *communio* znamená „účastnit se". Jste povoláni, abyste byli součástí životů jiných křesťanů, a jiní lidé jsou povoláni být součástí vašeho života. Je dobré podílet se na životě jiných lidí. Důležitá otázka zní: Kdo se podílí na vašem životě a v životě koho máte účast vy? To je podstatou společenství – účast na životě jedni druhých. Důležitý verš z Bible, který popisuje tento druh společenství, zní: „Mějme zájem jeden o druhého a povzbuzujme se k lásce a k dobrým skutkům."[144] Myšlenku „mít zájem jeden o druhého" je možné také přeložit jako „věnovat pozornou a soustavnou péči tomu, že na sebe vzájemně dohlížíme".[145] „Co z toho plyne, bratří? Když se shromažďujete, jeden má žalm, druhý slovo naučení, jiný zjevení od Boha, ještě jiný promluví ve vytržení a další to vyloží. Všecko ať slouží společnému růstu."[146]

V části M1-1 jsme vás vyzvali, abyste si navzájem pověděli své svědectví, což vám umožní se více seznámit. Může to být také přirozená věc, když zakládáte novou malou skupinku. Možná jste patřili do skupinky, kde vládl silný pocit vzájemné sounáležitosti. Společenství, které se vyznačuje otevřeností a vzájemnou důvěrou, je vynikajícím základem pro osobní růst. Všichni lidé mají potřebu někam patřit, mít kolem sebe jiné lidi, kteří si nás všimnou a vidí věci odehrávající se v našich životech. Máte kolem sebe takové lidi? Hlavním důvodem, proč lidé duchovně upadají a bývají poraženi, je to, že neměli nikoho, kdo by se o ně zajímal a všiml si, co se s nimi děje – nikdo s nimi neměl osobní kontakt. Všichni potřebujeme čas od času povzbuzení, když život začne být těžký. „Naopak, povzbuzujte se navzájem den co den, dokud ještě trvá ono ,dnes', aby se nikdo z vás, oklamán hříchem, nezatvrdil."[147] Malé a realisticky smýšlející skupinky jsou místem, kde se můžeme navzájem povzbuzovat a vybízet, abychom vytrvali a šli dál. Bible jasně říká, jaký to má přínos: Mezi členy skupinky proudí láska a dobré skutky a to vše pak přetéká do našeho sousedství a na pracoviště. „Mějme zájem jeden o druhého a povzbuzujme se k lásce a k dobrým skutkům."[148]

V dopisech Židům a Korintským se mluví o shromážděních, která se v rané církvi konala v domech jednotlivých členů. Tyto texty nám pomáhají pochopit, proč lidé chtěli být spolu: toužili po společenství – ne především proto, aby slyšeli učení. „To, co křesťanům dnes zřejmě chybí nejvíce, je vřelé, osobní společenství a interakce s druhými. To lidé prožívají, když žijí v úzkém propojení s druhými v menších skupinách, kam můžete přijít s otázkami a problémy, které vás trápí, kde můžete sdílet život takový, jaký je."[149]

Vřelé, osobní společenství je setkání „všech navzájem". Klíčem k tomu, aby se to stalo, je pomoci každému člověku ve skupině naučit se dát něco ze sebe ostatním. Každý člověk je pro společenství důležitý – i ty, protože máš něco, co můžeš druhým dát. Cílem pro malou skupinku je vést lidi k tomu, aby dali společenství něco ze sebe. Všichni mají co dát. Je snadné přijít na setkání společenství a soustředit se jen na sebe: „Co mohu získat? Co mi mohou ostatní nabídnout, když mám tak velké potřeby?" Ježíš nám dal vynikající příklad, když se vzdal toho, co mu právem patřilo, a vzal na sebe úlohu služebníka. Na co se soustřeďujete vy, když přicházíte na skupinku? Jste tam, abyste byli s jinými a sloužili jim? Pamatujte: „Dávejte, a bude vám dáno; dobrá míra, natlačená, natřesená, vrchovatá vám bude dána do klína. Neboť jakou měrou měříte, takovou Bůh naměří vám."[150] O tom, jak budovat autentická společenství, byla napsána řada knih. Mnoho lidí potřebuje novým způsobem uvažovat o tom, co to znamená být v autentickém společenství.[151] Zakladatelé sborů si často kladou otázku: „Jak může moje rodina žít ve společenství, kde se budeme zapojovat do životů jiných lidí a oni naopak do našeho? Jak můžeme vytvářet podmínky, v nichž budou moci noví křesťané růst ve víře, a to prostřednictvím společenství s dalšími bratry a sestrami v Kristu?" Během let jsem viděl, že noví křesťané mají téměř neukojitelnou potřebu být se svými duchovními „sourozenci" (dokonce několikrát týdně), protože všechno v jejich životě s Ježíšem je pro ně nové a vzrušující. Viděl jsem také bolestnou realitu toho, jak málo času a úsilí křesťané věnují tomu, aby nové bratry a sestry zapojili do svého běžného života, neboť se domnívají, že společenství s nimi jednou týdně v neděli stačí na to, aby rostli ve víře. To, co noví věřící opravdu potřebují, je, aby církev jednala podle vzoru raných křesťanů: „Každého dne pobývali svorně v chrámu…"[152]

Pokud chceme „vytrvat" ve společenství jedni s druhými, musíme to zakomponovat do svého týdenního plánu. Jaký plán má váš tým zakládání sboru pro budování vzájemného společenství v novém sboru? Jak zajistíte, aby byli všichni noví věřící zapojeni do života nového společenství? Jak se bude praktikovat učednictví v malé skupince? Jak budou lidé moci objevit své duchovní dary a službu ve společenství a jak budou moci začít svým duchovním obdarováním sloužit druhým? To jsou důležité otázky, které je potřeba při zakládání

[149] Augland, Øivind; Gossner, Jan; Kolltveit, Yngve: *Bli mindre for å bli større – om livsnære grupper i menigheten.* Kristiansand: Sidevedside 2002.

[150] Lukáš 6,38

[151] Meyers, Joseph R.: *The search to belong: rethinking intimacy, community and small groups.* Grand Rapids: Zondervan 2003.

[152] Skutky 2,46

[153] Skutky 2,42
[154] Skutky 2,46-47
[155] Matouš 26,26-28
[156] Filipským 2,6-8
[157] 1. Korintským 10,16-17

nového sboru probrat. Z jejich závěrů potom může tým vyvodit jednoduché praktické kroky.

M3-3-3 Úvod k lámání chleba – Øivind Augland

Jedním z popisů prvních křesťanů bylo to, že „vytrvale … lámali chléb a modlili se".[153] Také se o nich píše: „Každého dne pobývali svorně v chrámu, po domech lámali chléb a dělili se o jídlo s radostí a s upřímným srdcem. Chválili Boha a byli všemu lidu milí. A Pán denně přidával k jejich společenství ty, které povolával ke spáse."[154] První křesťané chápali, že společné jídlo je stejně důležité jako společné čtení a studium Božího slova a že komunikace je stejně důležitá jako večeře Páně.

Křesťanská praxe večeře Páně – lámání chleba – má původ v židovské tradici hodu beránka. Ten učedníci slavili v okamžiku, kdy Ježíš ustanovil společné lámání chleba: „Když jedli, vzal Ježíš chléb, požehnal, lámal a dával učedníkům se slovy: ,Vezměte, jezte, toto jest mé tělo.' Pak vzal kalich, vzdal díky a podal jim ho se slovy: ,Pijte z něho všichni. Neboť toto jest má krev, která zpečeťuje smlouvu a prolévá se za mnohé na odpuštění hříchů.'"[155]

M3-3-4 Princip pšeničného zrna – Andreas Nordli

Život s Ježíšem se v oblasti vztahů vyznačuje dvěma směry: vertikálním, který představuje společenství s Bohem, a horizontálním, který znázorňuje společenství s jinými lidmi. O tom jsme se v této kapitole již zmínili. Oba typy vztahů rozvíjíme na základě Ježíšova příkladu. „Způsobem bytí byl roven Bohu, a přece na své rovnosti nelpěl, nýbrž sám sebe zmařil, vzal na sebe způsob služebníka, stal se jedním z lidí. A v podobě člověka se ponížil, v poslušnosti podstoupil i smrt, a to smrt na kříži."[156] Křesťanský život jde cestou smrti. Pavel své učedníky učil: „Není kalich požehnání, za nějž děkujeme, účastí na krvi Kristově? A není chléb, který lámeme, účastí na těle Kristově? Protože je jeden chléb, jsme my mnozí jedno tělo, neboť všichni máme podíl na jednom chlebu."[157]

Společenství s Kristem máme proto, že on sám se všeho vzdal, dokonce i svého života. Vztah s Ježíšem můžeme mít díky tomu, že se ponížil a byl ochoten zemřít. Primární způsob, jak rozvíjet společenství, spočívá v tom, že jsme ochotni vzdát se svých práv, zemřít sami sobě a sloužit jiným. To znamená, že království Boží je království „vzhůru nohama". Lámání chleba nám pomáhá pochopit mimořádně důležitou věc: co to znamená být učedníkem.

V roce 1979 obdržela Matka Tereza Nobelovu cenu míru za svou práci mezi chudými a odmítnutými na ulicích Kalkaty. Tato žena pocházela z Albánie, kde v té době vládla jedna z nejhorších komunistických diktatur na světě. Albánský vůdce Enver Hodža prohlásil zemi za socialistický maják světa a za první ateistický stát na světě. Kostely a mešity v celé zemi byly buď zbourány, nebo přestavěny na továrny a sklady. Když komunismus v roce 1991 skončil, v Albánii nezbyli téměř žádní evangelikální křesťané.

Když se Matka Tereza účastnila tiskové konference k udělení Nobelovy ceny za mír v Oslo, jeden novinář se jí zeptal, co si myslí o pronásledování křesťanů v Albánii. Odpověděla: „Albánská církev prožívá svůj Velký pátek, nicméně naše víra nás učí, že Ježíšův život toho dne neskončil, ale pokračuje křížem a končí vzkříšením. Je potřeba albánskému lidu tuto pravdu neustále připomínat."[158]

Nezbytným předpokladem Velikonoc je Velký pátek. Bez smrti neexistuje vzkříšení. Matka Tereza tomu nejen věřila, ale také tím žila. Boží království je království „naruby". Růst v Božím království je zajištěn posilováním svalů – ale ne tím způsobem, který nás napadne za normálních okolností. Dobře to shrnují slova Jana Křtitele: „On musí růst, já však se menšit."[159] Člověk jako křesťan roste, když se v něm stále více prosazuje srdce, přirozenost, charakter a vůle Ježíše Krista, zatímco o něm samotném platí: „Nežiji už já."[160] Aby mohl život růst, musí nejprve zemřít. Bez Velkého pátku nejsou Velikonoce. Bez smrti není vzkříšení.

Ježíš o tomto principu mluví na řadě míst. Často o něm hovoříme jako o principu pšeničného zrna. Ježíš říká: „Amen, amen, pravím vám, jestliže pšeničné zrno nepadne do země a nezemře, zůstane samo. Zemře-li však, vydá mnohý užitek."[161] Právě to je jádrem učednictví – musíme pochopit, že Ježíš je Pán a že cesta k růstu vede přes kříž.

Uvědomuji si, že ke kříži můžeme jít dvěma cestami. První cesta ke kříži vede proto, abychom mohli získat odpuštění, nový život, spasení, obnovu, hodnotu, identitu, milost, pokoj, uzdravení a sílu. Ježíš ale své učedníky vybízí, aby ke kříži přicházeli i druhou stezkou, na níž také přijímáme, ale jinak. Na této druhé cestě dostáváme milost nést svůj vlastní kříž. Ježíš říká, že nikdo nemůže být učedníkem, pokud „nenese svůj kříž"[162]. Kříž je symbolem smrti. Musíme zemřít sami

---

[158] Henry, T. B.: *Albania – pionerenes land*, Grimestad: Prokla Media 1986, s. 145-146

[159] Jan 3,30

[160] Galatským 2,20

[161] Jan 12,24

[162] Matouš 10,38

[163] Lukáš 6,38
[164] Matouš 20,16
[165] Matouš 23,11
[166] Marek 8,35
[167] Bonhoeffer, Dietrich: *The Cost of Discipleship*. New York: Touchstone, 1996, s. 59.
[168] 2. Timoteovi 3,12

sobě, svým vlastním touhách, vizím, plánům a představám. Jen pak budeme moci povstat k životu jako učedníci.

Boží království je království „vzhůru nohama". Ježíš říká, že musíme dávat, abychom mohli dostat,[163] že první budou poslední[164] a že ti, kteří chtějí být největší, se musí naučit být služebníky všech.[165] To chtěl Ježíš ukázat, když se s učedníky dělil o své poslední jídlo. Abychom to shrnuli: pokud chcete skutečně žít, musíte nejprve zemřít.[166]

M3-3-4-1 Laciná milost?

„Požehnaní jsou ti, kdo chápou, že učednictví znamená život, který vyplývá z milosti, a že milost je jádrem učednictví." Tato slova řekl Dietrich Bonhoeffer, německý farář, který žil během 2. světové války. Mimo jiné to byl také jakýsi dvojitý agent, který se v roce 1943 zapojil do pokusu zlikvidovat Hitlera. Poté, co se pokusil zachránit čtrnáct Židů tím, že se je snažil dostat do Švýcarska, byl poslán do vězeňského tábora. Na počátku války odmítl nabídku dobře placeného místa ve Spojených státech, protože byl přesvědčen, že jeho křesťanskou povinností je bojovat proti zlu a Hitlerovi v rodném Německu. Napsal: „Jak bych mohl přijmout nabídku laciné milosti, která je nepřítelem církve? Bojujeme za milost, která něco stojí." V důsledku toho byl Bonhoeffer na jaře roku 1945 ve věku 39 let popraven, jen několik dní před koncem války a poté, co prožil život ve vzácné oddanosti Ježíši a učednictví.

„Víra bez učednictví je víra bez Ježíše. Stává se abstraktní myšlenkou, mýtem, v němž je místo pro lásku Boha jako Otce, ale který vylučuje Krista jako živého Božího Syna. Člověk může věřit v Boha, a přitom nenásledovat Krista," píše Bonhoeffer. Láska k Bohu bez napodobování Boha, víra bez učednictví. Bonhoefferova slova jsou dnes stejně aktuální jako v době, kdy je napsal.[167]

První křesťané věděli, že musí být připraveni jít stejnou cestou jako Ježíš Kristus. Při ukřižování bylo Ježíšovo tělo zlomeno a tekla jeho krev. Lidé ho pronásledovali, vysmívali se mu, nechápali ho a opustili jej. Proč by měli mít Ježíšovi následovníci lehčí život než jejich Mistr? „A všichni, kdo chtějí zbožně žít v Kristu Ježíši, zakusí pronásledování."[168] Nedostali lacinou milost. Pavel píše o tom, co může následovník Ježíše zažít, v dopise korintským křesťanům:

> Tento poklad máme však v hliněných nádobách, aby bylo patrno, že tato nesmírná moc je Boží a není z nás. Na všech stranách jsme tísněni, ale nejsme zahnáni do úzkých; jsme

bezradní, ale nejsme v koncích; jsme pronásledováni, ale nejsme opuštěni; jsme sráženi k zemi, ale nejsme poraženi. Stále nosíme na sobě znamení Ježíšovy smrti, aby i život Ježíšův byl na nás zjeven. Vždyť my, pokud žijeme, jsme pro Ježíše stále vydáváni na smrt, aby byl na našem smrtelném těle zjeven i Ježíšův život. A tak na nás koná své dílo smrt, na vás však život. Ale máme ducha víry, o níž je psáno: ‚Uvěřil jsem, a proto jsem také promluvil' – i my věříme, a proto také mluvíme, vždyť víme, že ten, kdo vzkřísil Pána Ježíše, také nás s Ježíšem vzkřísí a postaví před svou tvář spolu s vámi. To všechno je kvůli vám, aby se milost ve mnohých hojně rozmáhala, a tak přibývalo i díků k slávě Boží. A proto neklesáme na mysli: i když navenek hyneme, vnitřně se den ze dne obnovujeme. Toto krátké a lehké soužení působí přenesmírnou váhu věčné slávy nám, kteří nehledíme k viditelnému, nýbrž k neviditelnému. Viditelné je dočasné, neviditelné však věčné."[169]

[169] 2. Korintským 4,7-18

[170] 1. Korintským 11,26

[171] Exodus 3,7-8

Pokaždé, když první křesťané lámali chléb a pili víno, říkali „ano" následování Ježíše, přestože je to něco stálo. Připomínali si, že učednictví má určitou cenu. Věděli však také toto: „Kdykoli tedy jíte tento chléb a pijete tento kalich, zvěstujete smrt Páně, dokud on nepřijde."[170] Život křesťana má určitou perspektivu – to, čím procházíme tady na zemi, není všechno, co existuje. Ježíš se jednoho dne vrátí. Vždycky, když společně jíme chléb a pijeme víno, si připomínáme jeho návrat. To, co prožíváme zde na zemi, je jen stínem slávy, kterou poznáme, až budeme s Ježíšem trávit celou věčnost. Obraz toho, co se jednoho dne stane, nacházíme v příběhu o záchraně Izraelců z Egypta.

M3-3-4-2 Milost a zaslíbení záchrany

Pro Židy jsou Velikonoce neustálou připomínkou Boží svrchovanosti a Hospodina jako toho, kdo je zachránil z otroctví v Egyptě. Byli porobeným a pronásledovaným národem, všichni jimi pohrdali. Po několik stovek let žili v otroctví, do nějž je uvrhli egyptští faraoni. Pak Bůh zasáhl a řekl muži jménem Mojžíš: „Dobře jsem viděl ujařmení svého lidu, který je v Egyptě. Slyšel jsem jeho úpění pro bezohlednost jeho poháněčů. Znám jeho bolesti. Sestoupil jsem, abych jej vysvobodil z moci Egypta a vyvedl jej z oné země do země dobré a prostorné, do země oplývající mlékem a medem…"[171] V noci před záchranou z Egypta měla každá

[172] Lukáš 4,18-19

[173] Jan 13,12-17

izraelská rodina zabít beránka bez vady a pak jeho krví potřít rám dveří svého domu. Dostali příkaz rychle se najíst a připravit se na opuštění Egypta. Tento příběh tvoří pozadí našeho slavení večeře Páně. Pro první křesťany neměla být „země oplývající mlékem a medem" geografickým královstvím – zemí doslova oplývající mlékem a medem, ale slibem Ježíšova příchodu s Božím královstvím, aby mohli být lidé vysvobozeni z otroctví, které by je dovedlo k věčné smrti a zatracení. Pokaždé, když první křesťané přijímali chléb a víno, si připomínali, že je lidem k dispozici Boží moc, aby je vyvedla z otroctví hříchu, zatracení a hanby. Prožívali to, co slíbil Ježíš: „Duch Hospodinův jest nade mnou; proto mne pomazal, abych přinesl chudým radostnou zvěst; poslal mne, abych vyhlásil zajatcům propuštění a slepým navrácení zraku, abych propustil zdeptané na svobodu, abych vyhlásil léto milosti Hospodinovy."[172] Vždycky, když přijímali chléb a víno, přijímali Ježíšovu milost a svobodu. Přicházeli se svým hříchem, zraněními, bolestí, zklamáními a sebelítostí. Večeře Páně pro ně byla zárukou vykoupení a nového začátku.

Boží milost se prakticky projevovala v jejich společenství, když si odpouštěli navzájem, tak jako bylo odpuštěno jim. Lámali jedem bochník chleba, což znamenalo, že všichni mohou mít podíl na onom jediném Chlebu, Ježíši Kristu. Jak mohli přijímat chléb a víno, jež symbolizovaly Boží milost a odpuštění, a přitom stále ještě žít v nevyřešeném hříchu, kterého se dopustili proti někomu ze svých bratří nebo sester v Kristu? Dívali se při večeři Páně jedni druhému do očí a byli „nuceni" žít v otevřenosti, upřímnosti a vzájemném odpuštění. Noví věřící byli do této praxe vtaženi tím, že ji viděli u svých sourozenců v Kristu.

M3-3-5 „Dal jsem vám příklad" – Øivind Augland

Když Jan popisuje poslední večeři, soustřeďuje se na to, jak Ježíš sloužil svým učedníkům:

> Když jim umyl nohy a oblékl si svůj šat, opět se posadil a řekl jim: „Chápete, co jsem vám učinil? Nazýváte mě Mistrem a Pánem, a máte pravdu: Skutečně jsem. Jestliže tedy já, Pán a Mistr, jsem vám umyl nohy, i vy máte jeden druhému nohy umývat. Dal jsem vám příklad, abyste i vy jednali, jako jsem jednal já. Amen, amen, pravím vám, sluha není větší než jeho pán a posel není větší než ten, kdo ho poslal. Když to víte, blaze vám, jestliže to také činíte."[173]

Ježíš říká: „Dal jsem vám příklad." Přemýšlíme-li o příkladech nebo modelech, často o nich uvažujeme jako o něčem, čeho se máme snažit dosáhnout. V určitém smyslu je to pravda, ale v tomto kontextu se děje ještě něco víc. Učedníci viděli model, který budou mít stále před sebou, obraz, do nějž se měnili. Čím více se na tento obraz dívali, tím více byli proměňováni. Když o tomto vzoru psal Pavel, pokusil se vyjádřit, k čemu dochází: „Na odhalené tváři nás všech se zrcadlí slavná zář Páně, a tak jsme proměňováni k jeho obrazu ve stále větší slávě – to vše mocí Ducha Páně."[174] Když meditujeme o Ježíši a soustavně o něm přemýšlíme, něco se děje. Jsme proměněni – ne díky tomu, že bychom sami sebe dokázali „dát do pořádku", ale tím, že jsme uchváceni, pohlceni Ježíšovým obrazem, který vidíme, a začínáme se mu přizpůsobovat. O Ježíši se píše, že „prokázal svou lásku k nim až do konce".[175] Ježíš umyl nohy dokonce i Jidášovi; i Jidáš přijal chléb a víno. Učedníci si měli neustále připomínat Ježíšovu radikální milost a srdce služebníka. A když Skutky zmiňují, že učedníci „byli všemu lidu milí",[176] bylo to proto, že milovali lidi a sloužili jim. Starali se o chudé, lidi bez domova a vdovy. Dávali jídlo a oděv těm, kteří je neměli. Otevírali dveře svých domovů a přijímali nové věřící, kteří byli kvůli své víře v Krista odmítnuti svými židovskými nebo pohanskými rodinami. Když se první křesťané dělili o chléb a víno, připomínali si Ježíšova slova: „Dal jsem vám příklad, abyste i vy jednali, jako jsem jednal já."[177] Jsme povoláni, abychom položili své životy ve službě světu, svým rodinám a bližním.

[174] 2. Korintským 3,18

[175] Jan 13,1

[176] Skutky 2,47

[177] Jan 13,15

M3-3-5-1 Základní praxe týmu

Jsem přesvědčen, že to má pro práci na zakládání sboru velký význam v několika ohledech. Všichni v týmu musíme mezi sebou stále mluvit v duchu milosti, ujít kvůli ostatním míli navíc a navzájem si odpouštět. Musíme si udělat čas na to, abychom během normálního hektického týdne společně pojedli, promluvili si o věcech, s nimiž bojujeme, a modlili se jedni za druhé nad šálkem kávy. Připomínáme si, že Boží milost v Ježíši Kristu je pro všechny lidi a nabízí naději, pomoc, vykoupení a odpuštění. Ježíš nám dal příklad služby lidem kolem nás, což je téma, které jsme probírali v části M2 – Poslání. Je důležité položit si otázku: „Komu jsme povoláni sloužit, a jak náš tým může těmto lidem každý týden posloužit prakticky? Jak můžeme být požehnáním pro lidi kolem sebe?"

Platí, že věci se vždycky dají dělat více způsoby. Myslíme si, že by se váš tým měl modlit za Boží vedení, abyste zjistili, na co byste se měli podle Božího názoru soustředit. Je to základní tým, kdo formuje kulturu, na níž se bude budovat nové společenství. Čím více si uvědomujete, jakou kulturu ve společenství vytváříte svým příkladem základní praxe, tím více vám to ve sboru pomůže vést nové lidi k učednictví, protože tato kultura je bude neustále povzbuzovat, aby v procesu učednictví vytrvali.

Vzorem se nám mohou stát Skutky 2,42, na které jsme se dívali už dříve. „Princip 242" však v sobě skrývá svobodu, abyste si ho přizpůsobili situaci ve svém nově zakládaném sboru a jeho potřebám. Jedním z vašich hlavních úkolů je modlit se a mluvit spolu o věcech, které budou pro tým důležité a jichž se bude chtít věrně držet. Jaká základní praxe bude utvářet kulturu vašeho sboru a přitom vám pomůže vést lidi k učednictví? Toto téma rozebírá v další kapitole M3-4 „Vytváření kultury učednictví" Arnt Jakob Holvik.

M 3 - 4

Vytváření kultury učednictví – Arnt Jakob Holvik

[178] Matouš 4,19

M3-4-1 Úvod

Ježíš své budoucí učedníky vyzval: „Pojďte za mnou a učiním z vás rybáře lidí."[178] Cílem zakládání nových sborů je získávat a vychovávat učedníky. To je základní myšlenkou Velkého poslání, jímž nás Ježíš pověřil. Naším cílem není získat a vychovat Ježíšovy učedníky jen z několika málo lidí, ale ze všech národů na zemi. Toužíme po tom, aby co nejvíce lidí přijalo nový život a stalo se učedníky Ježíše Krista. V této souvislosti si můžeme položit několik otázek:

» Jak můžeme vytvořit kulturu učednictví?

» Jak můžeme budovat společenství, kde se noví křesťané stanou učedníky, kteří pak půjdou a budou vychovávat další učedníky?

Přesně tak je možné začít hnutí zakládání sborů. Podle Nového zákona spočívá zakládání sborů ve vytváření nových křesťanských společenství z lidí, kteří krátce předtím prožili znovuzrození a budou vyučováni, aby se stali učedníky Ježíše Krista. Jak můžeme v nově vzniklém sboru položit základ kultury učednictví?

Abychom mohli na tyto zásadní otázky odpovědět, musíme se nejprve podívat na to, jak učedníky získával a vychovával Ježíš. On je samozřejmě zakladatelem učednického hnutí, které se rozšířilo po celém světě. Jak žil a jak získával učedníky, kteří byli schopni získávat další učedníky? To nás vede k další otázce: Jak bychom měli žít, když máme zakládat sbory a měnit nové křesťany v učedníky? Jsou to právě naše životy, jež stanoví standardy pro to, co to znamená následovat Ježíše Krista v křesťanském společenství, které zakládáme. Obzvláště důležité to je, když zakládáme nové sbory, protože se stáváme příkladem pro nové křesťany. A konečně: Jaké základní prvky jsou zapotřebí k tomu, aby se hnutí učedníků, kteří jsou radikálně a hluboce oddaní Ježíši Kristu, mohlo šířit od člověka k člověku?

Můj osobní pohled na toto téma vychází ze života a služby Bohu v úzkém společenství s ostatními v misijním společenství, které působí na západním pobřeží Norska. Dělíme se mezi sebou o to, co vlastníme, a žijeme ve víře, že se o nás Bůh postará. Žijeme také v rytmu modlitby, uctívání, studia Bible, společného jídla, evangelizace a misijních cest. Věříme, že Duch svatý nás vedl k tomuto životnímu stylu, abychom se mohli více podobat Ježíši a spolupracovat na oslovení lidí evangeliem tak, aby v nových oblastech mohly vzniknout nové sbory. Třináct členů týmu funguje jako širší služba pro zakládání sborů. Nejenže zakládáme sbory sami, ale školíme i týmy z jiných zemí, jak získávat učedníky a zakládat nové sbory. Je to neuvěřitelně vzrušující a dynamické a buduje se tím kultura učednictví – „ježíšovská" kultura.

M3-4-2 Jak získával a vychovával učedníky Ježíš?

M3-4-2-1 Ježíš je odpovědí

Ježíš není jen ten, kdo dokázal nejlépe získávat a vychovávat učedníky, ale je také Pánem, kterého tito učedníci následovali. Proto musíme studovat jeho život a zjistit, jak získával učedníky, kteří pak získávali další učedníky.

Když Ježíš putoval před 2000 lety po Izraeli, lidé v něm viděli rabbiho – židovského učitele nebo mistra. V židovské kultuře bylo běžné, že rabbi kolem sebe shromáždil skupinu učedníků. Obvykle jen ti nejlepší studenti po mnoha letech studia mohli být učedníky takového rabbiho. Příklad této praxe najdeme u Pavla, který říká, že byl blízkým učedníkem velice známého farizea a učitele zákona Gamaliela. Pavel píše: „Já jsem Žid a narodil jsem se v Tarsu v Kilikii, ale vychován jsem byl zde v Jeruzalémě. V Gamalielově škole jsem byl přesně vyučen zákonu našich otců. Byl jsem právě tak plný horlivosti pro Boha, jako jste dnes vy všichni."[179] V tomto kontextu je velice poučné, když se zamyslíme nad tím, jak si Ježíš vybíral své učedníky. Nejprve povolal rybáře a výběrčí daní, čímž ukázal, že si přeje, aby všichni lidé uvěřili a stali se jeho učedníky. Tento přístup je zcela odlišný od toho, kdy se učedníky mohou stát jen ti nejlepší. Máme zde *Mistra*, jehož učedníkem může být každý!

M3-4-2-2 Musíš se narodit znova

Jak se ale může člověk stát Ježíšovým učedníkem? Farizeus Nikodém dostal odpověď přímo od Ježíše, když ho jednou v noci vyhledal. „Ježíš mu odpověděl: ,Amen, amen, pravím tobě, nenarodí-li se kdo znovu, nemůže spatřit království Boží.'"[180] Právě v tom může spočívat tajemství učednictví: Lidé se znovu rodí k novému životu z vody a Ducha svatého. To je na Nové smlouvě tak revoluční – přijímáme nové srdce a nového Ducha do svého nitra, což nám umožňuje žít jinak. Pán Ježíš říká, že máme další lidi učit dělat vše, co nám přikázal, a proto je

[179] Skutky 22,3

[180] Jan 3,3

musíme učit, radit jim, povzbuzovat je a napomínat. Základem toho, co nám pomáhá činit Boží vůli, je nový život a nový Duch. S Duchem, který v nás přebývá, můžeme vítězit nad hříchem a stát se svatými, i když proti tělu budeme bojovat do té doby, než nastane naše vykoupení a vzkříšení. Ježíš je Pán a vítěz nad hříchem. Jestliže se mu chceme více podobat, musíme tomu věřit.

Nikdo se nemůže stát skutečným učedníkem Ježíše Krista, pokud se nejprve nenarodí znovu. Nejsme spaseni tím, že zapadneme do křesťanského prostředí nebo lidmi vytvořené náboženské kultury. To, co potřebujeme, je zemřít sami sobě a být vzkříšeni k novému životu. Věřím, že to je základ veškerého učednictví.

Není snadné vést k učednictví lidi, kteří nejsou znovuzrození, poněvadž nemají Ducha svatého ani nové srdce, které vzbuzují touhu po Božích věcech. Všichni lidé potřebují Boží pomoc, aby se mohli stále více podobat Ježíši. Nedá se to zvládnout svépomocí ani tvrdou disciplínou, ale jen prostřednictvím svrchovaného působení Ducha v našem životě – a naší spolupráce s ním.

M3-4-2-3 Kristus v nás

Dalším tajemstvím budování učednického hnutí je „Kristus v nás". Každý učedník má přímý přístup k Ježíši prostřednictvím Ducha, třebaže Ježíš s námi již není v tělesné podobě. Pavel to velice konkrétním způsobem popisuje ve svých dopisech Římanům a Galatským. Umíráme s Kristem, jsme spolu s ním pohřbeni a povstáváme s ním k novému životu. Je to takto konkrétní a děje se to vírou. V tomto procesu hrají roli Boží slovo, víra, křest a Duch. Ježíš se stává naším životem a nyní žije svůj život skrze nás.

Ve svém vlastním životě jsem mnohokrát viděl, jak Boží duch a moc prostřednictvím Ježíše pozvedli skleslé lidi a dali jim nový život. Byli to lidé uvažující o sebevraždě, kteří byli zachráněni z deprese a sebevražedných myšlenek, když Ježíš přišel do jejich života se svým světlem; lidé s hlubokými zraněními, úzkostí nebo tyranizování zlými duchy, kteří byli uzdraveni a osvobozeni; lidé bojující s drogovou závislostí a kriminálním jednáním, kteří činili pokání a začali žít svatým životem. U Boha není nic nemožné! Když vyznáme Ježíše jako Pána a uvěříme dobré zprávě o jeho smrti a vzkříšení, působí velká moc a my se znovu rodíme k novému životu v Bohu.

[181] Lukáš 10,17-20

[182] Matouš 7,24-29

[183] Matouš 25,21

M3-4-2-4 „Učednictví za pochodu"

Jak ale žijeme jako Ježíšovi učedníci a jak vedeme k učednictví nové křesťany, kteří pocházejí z nejrůznějších rodin a prostředí? Jednou z nejpozoruhodnějších věcí na tom, jak Ježíš získával učedníky, bylo to, že povolal první učedníky a okamžitě je s sebou vzal na „misijní pole" – povolal je a ihned je vzal s sebou do služby. Říkáme tomu „učednictví za pochodu".

Ježíš obdržel své poslání od svého nebeského Otce a zapojil do něj učedníky. Spolu s dvanácti učedníky chodil z místa na místo a od města k městu. Kázal a učil pomocí podobenství, uzdravil řadu lidí, vyháněl zlé duchy a činil mocná znamení. Jedli spolu a trávili spolu noci. Po určité době Ježíš vyslal učedníky po dvojicích, aby dělali totéž, co on, když byl s nimi. Kázali, uzdravovali lidi a vyháněli zlé duchy a pak se vrátili k Ježíši s úžasnou radostí a vyprávěli mu o všem, co se stalo.[181]

Ježíš tedy sloužil v rámci téhož poslání, které sám dostal, a dvanáct učedníků bral s sebou. Pak je vyslal, aby dělali totéž, co on, jenže sami. To vzbuzuje otázku: Získáváme učedníky tímto způsobem i *my*? Jsme pro lidi kolem sebe vzorem toho, jak mohou následovat Ježíše a přispívat k tomu, že bude do Božího království patřit stále více lidí? Nebo se spokojíme jen s tím, že o těchto věcech budeme mluvit z kazatelny nebo na biblické skupince? My vedoucí můžeme do těchto kolejí zapadnout velmi snadno. Když o Velkém poslání a záchraně lidí a zakládání sborů jen mluvíme, ale nic z toho nikdy sami neděláme, měli bychom si vzpomenout na Ježíšovo napomenutí, abychom slovo nejen poslouchali, ale i činili.[182] Obzvláště to platí pro ty z nás, kdo jsme obdrželi zodpovědnost za vedení ve sboru, protože musíme stát vpředu a vést prostřednictvím svého vlastního života. Ačkoli všichni máme různé duchovní dary a schopnosti a nikdo z nás není dokonalý jako Ježíš, musíme být příkladem života služby pro ty, které vedeme jako učedníky.

Chcete-li vidět, jak se Boží království rozrůstá, a lidé ve všech národech slyší evangelium, musíte být ochotni dělat tyto věci ve svém každodenním životě. Zde je moudrá rada: Ony velké sny a vize, které máte pro svou obec, město či národ (nebo mnoho národů), to, co vám leží na srdci a co byste rádi viděli, musíte nejprve realizovat ve svém vlastním, všedním životě. Pokud chcete, aby váš národ byl proměněn Ježíšem a aby v něm vznikla řada sborů, musíte začít tím, že budete milovat lidi, s nimiž se běžně setkáváte, a říkat jim evangelium. Musíte vidět souvislost mezi velkým a malým: ti, kdo jsou věrní v malém, dostanou na starost mnoho.[183] Je to přesně tak, jak to pověděla Matka Tereza: „Láska začíná doma." Zamyslete se, jestli ty věci, které byste rádi viděli ve velkém, děláte i ve svém běžném životě. Jedním z hlavních důvodů, proč nevidíme růst hnutí živých učedníků, kteří získávají další učedníky, je právě to, že nejsme ochotni jít ve svém vlastním životě příkladem. „To, co kážete, také uplatňujte v praxi" a „přejděte od slov k činům" – na tyto slogany bychom měli při přemýšlení o těchto věcech pamatovat. Ježíš i Pavel dokázali úžasně dělat to, co přikazovali jiným. Kéž bychom se dokázali řídit jejich příkladem!

V každém sboru se často najde jen hrstka lidí, kteří kážou evangelium, modlí se za lidi a přinášejí poselství o spasení těm, kdo žijí v temnotě. Tito jednotlivci oslovují mnohem více lidí Ježíšovým evangeliem než všichni ostatní členové sboru dohromady. Existuje příliš mnoho těch, kdo nejsou ochotní říkat o své víře ani lidem ve svém okolí, natožpak lidem, kteří žijí v jiné části světa. Je důležité, abychom nepodceňovali moc malé skupinky oddaných křesťanů, kteří následují Ježíše a získávají učedníky. Příkladem takového jednání je na prvním místě Ježíš a jeho učedníci, ale i Pavel a jeho spolupracovníci.

Osobně jsem viděl, jak vznikly sbory v „temných oblastech" jen krátce poté, co tam malý tým oddaných bratrů a sester prožil třeba pouhé dva nebo tři týdny. Takové věci umožňuje Boží slovo, Boží láska a Duch. Je to Ježíš, kdo buduje svou církev, ale těší ho, když má spolupracovníky, kteří jsou ochotní nést evangelium nekřesťanům a kteří budou věrně vyučovat nové učedníky a pomáhat sborům, dokud nebudou schopni fungovat samostatně. Zakládání sborů podle Pavlova modelu je možné i v dnešní době, protože Bůh je dnes stejný jako za života apoštola Pavla.

Jako učedníci společenství „Os" se ve své práci na zakládání sborů snažíme praktikovat princip „učednictví za pochodu" ve všech oblastech života. Sloužíme jako tým. Bereme mladé i staré na evangelizační nebo misijní cesty a také s nimi pečujeme o nově založené sbory. Společně navštěvujeme lidi doma, vkládáme ruce na nemocné v Ježíšově jménu a kážeme Boží slovo. Zvláště se věnujeme těm, kdo mají v naší společnosti největší potřeby, ať už jsou to ohrožené děti, lidé žijící v drogovém prostředí nebo uprchlíci. Otevíráme své domovy a zveme k sobě na návštěvu lidi z ulice. Postíme se a modlíme. A to všechno děláme jako učedníci. Je do toho zapojen celý sbor – nejen několik vybraných jedinců. Toužíme po kultuře Božího království, po jiném druhu života, po lásce, která vede k tomu, že se priority našeho života diametrálně liší od priorit světa. Snažíme se učit od Ježíše. Pomáháme si navzájem a učíme se jedni od druhých. Na tomto poslání se společně podílí celý sbor. Není to úkol jen pro některé, ale pro všechny, kdo chtějí následovat Ježíše.

Lidé, kteří se účastní takového života, rychle rostou jako učedníci v mnoha věcech. Je to stejné jako v případě Ježíšových učedníků: po čase byli připraveni vzít s sebou na misijní pole další lidi. Právě to je ta dynamika, z níž vznikají hnutí.

M3-4-2-5 Podstatou je váš vlastní život: „Následuj mne, jako já následuji Krista"

Základní otázka tedy zní: Jak následujete Ježíše ve svém vlastním životě? Učednictví je věcí, která se spíš „děje", než „učí". Ježíš svým učedníkům umožnil, aby žili v jeho blízkosti, a totéž musíme dovolit jiným lidem i my. Tam, kde spolu lidé žijí v úzkém vztahu, dochází k výměně postojů, hodnot, vědění, charakteru a životního stylu. Kde jsou si lidé blízko, tam má Duch svatý mnoho možností, aby z jednoho života plynul do jiného.

M3-4-3 Váš život má vliv na sbor

M3-4-3-1 Předáváte DNA

Žijete-li vy a základní tým během celého týdne křesťanským způsobem, lidé kolem vás tím budou ovlivněni. Když ale váš tým takto jedná jen během nedělní bohoslužby, zatímco po zbytek týdne žije jako všichni ostatní, i to bude mít vliv na lidi kolem vás. *DNA, kterou zaséváte prostřednictvím svého života do sboru, jejž zakládáte, bude také tento nový sbor, který vznikne, charakterizovat.* To je provokativní tvrzení, ale musíme se podívat realitě zpříma do očí.

Raná církev v Jeruzalémě, o níž čteme ve Skutcích 2 – 6, je příkladem toho, jak lze vytvořit vzor křesťanského učednictví v rostoucím sboru. Láska a společenství, které jeho členové sdíleli, byly tak silné, že se rozhodli mít všechny věci společné. Lidé prodávali svůj majetek, aby všichni mohli dostat to, co potřebovali. Vroucně se modlili k Bohu a uctívali ho ve svých domácnostech. Věnovali se službě milosrdenství, aby naplnili konkrétně potřeby vdov. Prostřednictvím apoštolů se děla znamení a zázraky a svědectví o Ježíšově vzkříšení zaznívalo s takovou odvahou a mocí, že počet nových učedníků v Jeruzalémě neustále rostl. Církev čelila od samého počátku pronásledování, ale apoštolové nedovolili, aby jim to bránilo v kázání evangelia. Dokonce, i když po mučednické smrti Štěpána nastalo velké pronásledování, křesťané i nadále svědčili o Ježíši, dokud nebyli z Jeruzaléma zcela vyhnáni.

M3-4-3-2 Jednejte podle vašich slov

Ježíšovo učení v Lukášovi 6,46-49 o tom, že máme svůj dům vybudovat na pevné skále, je velice aktuální i dnes pro nás. Chceme-li být Ježíšovými učedníky, musíme dělat víc než jen poslouchat, co Ježíš na toto téma říká. Máme být také poslušní a prakticky to žít. Musíme dělat to, co Ježíš říká. *Musíme Ježíši dovolit být Pánem.* Když vedu dobrým příkladem a snažím se žít to, co mi Ježíš přikázal, je velká šance, že křesťané kolem mě budou inspirováni, aby dělali totéž. Takto vzniká hnutí učedníků. To je jeden z nejdůležitějších objevů, které jsem jako učedník učinil, a podle mého názoru musí být nedílnou součástí každého učednického hnutí.

M3-4-3-3 Milost a závislost na Bohu

Zároveň platí, že nikdo z nás není dokonalý – všichni potřebujeme Boží milost. Kdyby byla kritériem toho, zda smíme kázat evangelium a zakládat sbory, dokonalost, všichni bychom byli diskvalifikováni. Pán nás povolal takové, jací jsme, a uschopňuje nás ke službě prostřednictvím své milosti. Náš nový život v Ježíši je životem milosti. Službu, kterou pro něj konáme, děláme prostřednictvím milosti. Stali jsme se Božími dětmi a Otec nás zve, abychom se účastnili něčeho, co bude pro životy jiných něco znamenat.

Závislost na Bohu a jeho milosti je ústředním bodem křesťanského života. Představuje to také základní vyznání v církvi. Proto vedoucí církve nemusejí sami sebe prezentovat jako nepřemožitelné a silné jedince, kteří dokážou všechno zvládnout bez sebemenší chybičky a problému. Neznamená to ani, že se musíme tvářit jako slabí a neschopní. Musíme jen přiznat, že jsme zcela závislí na Bohu. Církev, která se vyznačuje závislostí na Bohu, bude pokorná, otevřená a silná v Kristu, ne sama v sobě. Mezi otevřeností ohledně vlastní slabosti a zároveň velkou vírou v Boha není žádný nesoulad.

Je to především hřích, co nás činí „slabými" v nejhorším smyslu slova. Bible jasně říká, že nepřítel (hřích), kterého máte uvnitř svých hradeb, představuje větší nebezpečí než útok zvenčí (pronásledování). Jinými slovy, prostřednictvím vnějšího pronásledování a duchovních útoků můžete být posilováni, pokud zůstanete blízko Bohu. Tolerujete-li však ve svém životě hřích, bude vás to ovlivňovat přímo na místě, odkud vychází váš život – *ve vašem srdci.*

Život vychází ze srdce[184] a z Krista.[185] Jestliže připustíte, aby něco negativně ovlivnilo zdroj vašeho života a váš vztah s Bohem, bude to na vás mít vážný dopad. Nemluvíme teď o hříších, do nichž všichni čas od času upadáme a pak

[184] Přísloví 4,23

[185] Koloským 3,3-4

potřebujeme odpuštění, ale o těch, kterým dovolíme, aby v našem životě zakořenily a stále znovu se opakovaly. Pokud podlehnete tomuto druhu hříchu, je obzvláště moudré vyznat ho bratrovi nebo sestře, aby vyšel na světlo, a požádat někoho, aby se za vás modlil a podporoval vás na cestě ke svobodě. Naše víra musí být posilována pravdou, že Kristus zvítězil nad veškerým hříchem, a proto je možné se díky moci Ducha svatého osvobodit od hříchu, s nímž bojuji. Bůh projevuje svou milost, lásku a moc, nejen aby nám odpustil a očistil nás, ale také aby nás osvobodil od sevření hříchu a uvolnil nás k novému životu v Ježíši Kristu.

M3-4-3-4 Veďte je ke Kristu

Naše životy musí být motivovány jedině Bohem – ne jinými křesťany. Noví učedníci nemohou přežít jen tím, že se budou řídit příkladem někoho jiného. Musí mít svůj vlastní osobní vztah s Ježíšem a být naplněni Duchem svatým. Když se ukáže, že noví učedníci jsou více navázáni na nás než na Krista, znamená to, že něco děláme špatně. Sbor se rychle naplní lidmi, kteří jsou nezdravě závislí na jednom nebo více vedoucích, a Ježíš přijde o své právoplatné místo jako Hlava církve. Je proto důležité, abychom lidem pomáhali k novému životu a osobnímu vztahu s Bohem, protože jen tehdy mohou být ve svém životě jako křesťané samostatní.

To neznamená, že v církvi nepotřebujeme vzory, ze kterých by si ostatní mohli brát příklad a následovat je. Lidé, kteří žijí tak, že jejich život je hoden následování, automaticky povedou ostatní. Jde o to, že chceme, aby lidé více následovali Ježíše než jiné lidi. Ježíš je Mistr a Pán a my jsme jeho učedníci. Ježíš je hlavou církve a na nás se musí odrážet jeho podoba – ne podoba někoho jiného.

Učte učedníky, jak se modlit, učte je vyznávat hříchy, učte je říkat evangelium dalším lidem, učte je, jak studovat Bibli, a učte je, co to znamená milovat. Praktikujte tyto věci před jejich očima, dělejte je společně s nimi a nepřestávejte je těmto věcem učit, dokud nebudou schopni samostatně dělat to, co Ježíš přikázal. Učte je, jak tyto věci vyučovat jiné. Vychovávejte učedníky, kteří žijí v blízkém vztahu s Bohem, protože právě v této oblasti se rozhoduje o síle učedníka. Žijte tak, aby to umožňovalo Duchu svatému naplňovat a ovlivňovat církev a přitahovat nás do tak hlubokého vztahu lásky s Ježíšem a do takové věrnosti Bohu, že budeme ochotni pro něj třeba i zemřít. Pokud se cele vydáme tomu, kdo nás miloval tak, že za nás dal svého jediného Syna, bude v nás formovat svůj život, abychom se podobali jeho Synu a aby sbor dosáhl plné zralosti v Kristu.

M3-4-4 Učednické hnutí

M3-4-4-1 Vyznání víry

Zcela zásadní složkou nezbytnou pro vznik učednického hnutí, je potřeba držet se pevně vyznání: *"Ježíš je Pán!"* To, že Ježíš je Pán, znamená, že je Král. A právě Král rozhoduje a je třeba ho poslouchat. V našem závazku vůči Ježíši není prostor pro žádnou polovičatost. Musíme zemřít sami sobě a svému sobectví. Musíme mu podřídit svůj život a vzdát se všech osobních práv. Od této chvíle *je* naším životem Ježíš. „Ježíš je Pán" je nejstarší vyznání víry církve a jen s tímto vyznáním jako realitou v církvi se může rozvinout kultura učednictví.

V prostředí, kde lidé z celého srdce odevzdali svůj život Bohu, má Duch svatý prostor k tomu, aby vyvolával neuvěřitelnou touhu po Bohu a službě lidem, kteří ho neznají. Jestliže Duchu svatému dovolíme, aby začal řídit náš život, může dojít k hlubokému duchovnímu hnutí. I to je založeno na pochopení skutečnosti, že jen Bůh může změnit život, ne my. Duch musí dostat svobodu, aby mezi námi působil.

Když se lidé celým srdcem podřizují Ježíši jako svému Pánu a chtějí, aby jedině on měl právo rozhodovat, jejich životy jsou proměněné. Člověk nepotřebuje žádné zvláštní školení ani talent, aby mohl být proměněn – lidé se jenom potřebují podřídit Ježíši. To je důvodem, proč tolik lidí nikdy nezažije plnost života a proměnu, kterou jim Bůh chce dát prostřednictvím Ducha svatého. Být vlažný je horší než být studený, říká Ježíš. Pokud Ježíš není Pánem všeho, pak není Pánem ničeho.

Je krásné vidět, jak je lidský život proměněn tím, že se člověk podřídí Bohu. Když se to ve vašem nově založeném sboru stane normou, bude to mít úžasný dopad na okolní společnost.

M3-4-4-2 Plní Ducha a lásky

Pokání, poslušnost a naplnění Duchem svatým jsou navzájem úzce spojené. Žádné zkratky neexistují. Když Petr stál před veleradou, řekl: „My jsme svědkové toho všeho a s námi Duch svatý, kterého Bůh dal těm, kdo ho poslouchají."[186] Bůh dává Ducha těm, kdo ho poslouchají. Proto vyznání „Ježíš je Pán" a naplnění Duchem svatým spolu tak úzce souvisí. Pavel to vyjadřuje takto: „Proto vám zdůrazňuji, že žádný, kdo mluví z Ducha Božího, neřekne: ,Ježíš buď proklet,' a že nikdo nemůže říci: ,Ježíš je Pán,' leč v Duchu svatém."[187] Člověk, který je naplněný Duchem svatým, miluje Boha a ostatní lidi. Je to něco, čeho si druzí

[186] Skutky 5,32

[187] 1. Korintským 12,3

[188] Matouš 20,26

všimnou. Ve sboru může být velká moc a intenzivní duchovnost, ale bez lásky nikdy nevyroste ve zdravou a silnou církev. Právě láska charakterizuje Boží království. Láska je motivací, která nás přitahuje k Bohu a volá do světa s evangeliem. *Společenství křesťanů bohaté v lásce je skutečně bohaté společenství*. Je to láska, kterou je při zakládání sboru potřeba vyjadřovat – láska k Bohu, láska k ostatním křesťanům a láska k lidem, kteří ještě neuvěřili v Ježíše Krista.

Ježíš říká, že ti, kdo slouží, jsou mezi námi ti největší.[188] To je perspektiva Božího království. Pokud chcete zakládat sbory, zasévejte do srdcí lidí kolem sebe evangelium s hlubokou Boží láskou, která se bude vyjadřovat prostřednictvím vašeho života. A zůstávejte v Ježíši, aby váš život mohl nést ovoce.

M3-4-4-3 Musíme se odvážit jít v čele

Chceme-li připravit půdu pro kulturu učednictví a pro hnutí učedníků, musíme být společenstvím lidí, kteří jsou celým srdcem oddaní Pánu Ježíši Kristu, poslouchají ho a jsou dokonce ochotní pro něj zemřít – společenstvím lidí, kteří jsou plní Ducha svatého a společně realizují poslání, jímž nás Ježíš pověřil.

Každý učedník musí zemřít starému životu, znovu se narodit a vstoupit do osobního vztahu s Ježíšem Kristem. Učedníci nemohou být motivováni jen vedoucím, jejich motivací musí být láskyplný vztah, který mají se samotným Ježíšem.

Potřebujeme se naučit, jak učedníky získával a vychovával Ježíš. Snaha vychovávat učedníky z kazatelny nefunguje. Naše životy musí být hodny následování, jako to platilo o životě Ježíše. Pokud chceme vidět, jak vzniká učednické hnutí, musíme se sami vydat na misijní pole jako učedníci a pracovat společně bok po boku. Musíme doslova dělat totéž, co dělal Ježíš: kázat evangelium, uzdravovat nemocné, vyhánět zlé duchy, konkrétně sloužit a milovat ty, na něž se ostatní dívají spatra. Musíme chránit utiskované, naplňovat materiální potřeby a odvážně říkat pravdu tam, kde vládne nespravedlnost. A modlit se. To je způsob, jak funguje Boží království.

Do svého světa modlitby vtahujeme také další věřící. Dovolujeme jim, aby viděli a prožívali náš hlad po Bohu – oheň, který hoří v našich srdcích. A pokud onen oheň v našich srdcích pohasl, hledáme Boha a voláme k němu, aby nám dal své nadšení, znovu nás naplnil svým Duchem a dal nám svou lásku k těm, kdo žijí v temnotě a potřebují spasení. Čas od času se můžeme i postit.

Občas věci děláme složitější, než ve skutečnosti jsou. Myslíme si, že Boží království na této zemi vytvoří nejnovější technika a skvělá strategie. Ale tak to nefunguje. Boží království nemůžeme šířit díky svým vynikajícím organizačním schopnostem. Ani nedokážeme vymyslet tak geniální plán, aby Boží království prostě *muselo* přijít. Boží království je *duchovní* království a šíří se tam, kde lidé hledají Boha a pokořují se, žijí svatým životem a činí Boží vůli tím, že milují jiné a kážou evangelium o spasení.

[189] Lukáš 10,2

M3-4-5 Boží svrchovanost a moc

M3-4-5-1 Bůh stanoví pravidla

V konečném důsledku všechno závisí na Božím zásahu. Bůh je svrchovaný. Můžeme být klidně ti nejsvatější a nejduchovnější lidé na světě, a přesto se neobjeví žádné probuzení ani hnutí, pokud se Bůh nerozhodne, že ho vyvolá. To je důležitý základní princip pro všechno, co děláme pro Boží království. Přijde-li probuzení, je to proto, že se Bůh rozhodne probudit lidi. Nehledě na to, jak dlouhá doba již uplynula od posledního probuzení, máme veškeré důvody věřit, že Bůh to udělá znovu, protože z Božího slova víme, že touží po tom, aby všichni byli spaseni.

Ježíš řekl: „Žeň je mnohá, dělníků málo. Proste proto Pána žně, ať vyšle dělníky na svou žeň."[189] Výzva nespočívá v tom, zda Bůh chce či nechce spasit lidi nebo jestli opravdu má moc spasit. Výzva je stejná dnes jako kdykoliv jindy, tedy že je *příliš málo dělníků na to, aby celou práci zvládli*. Kdyby celosvětová církev vyslala dost dělníků na žeň do různých národů, byly by evangeliem osloveny všechny národy na zemi už před mnoha lety. Přesto stále zůstává mnoho lidí, kteří ještě neslyšeli dobrou zprávu. Bůh chce, aby ji lidé uslyšeli, ale potřebuje více dělníků.

M3-4-5-2 Věřte tomu, co Bůh slibuje národům

Podstatou Velkého poslání je získávat učedníky ze všech národů. Když nás Ježíš vysílá a říká nám, že je mu dána veškerá moc v nebi i na zemi, můžeme mít jistotu, že je to možné. A víme, že je to nejen možné, ale že se to i *stane*, rozhodneme-li se věřit a jednat podle toho. Když Bůh něco slíbí, víme, že s tímto slibem nic nepohne. Boží slovo trvá navěky, ujišťuje nás Bible. Podle 2. Korintským 1,20 bylo na všechny Boží sliby v Ježíši Kristu odpovězeno ANO. Když v Božím slově najdeme zaslíbení nebo cítíme, že k nám Bůh promluvil a dal nám nějaký konkrétní slib, můžeme mu věřit, protože on má moc své sliby splnit. On to v Ježíšově jménu *udělá*!

[190] Zjevení 7,9-10

Pokud se budete pevně držet své víry a na základě ní jednat, pak nebude na nebi ani na zemi žádná moc, která by mohla Bohu zabránit v tom, aby splnil své sliby. Proto máme „věřit Bohu", jak nám často připomínal Ježíš, neboť Bůh má moc vytvořit hnutí učedníků, které povede k učednictví národy a přivede je pod vládu Ježíše Krista. Víme, že stále platí Ježíšova prorocká slova:

> Potom jsem viděl, hle, tak veliký zástup, že by ho nikdo nedokázal sečíst, ze všech ras, kmenů, národů a jazyků, jak stojí před trůnem a před tváří Beránkovou, oblečeni v bílé roucho, palmové ratolesti v rukou. A volali velikým hlasem: „Díky Spasiteli, Bohu našemu, sedícímu na trůnu, a Beránkovi."[190]

To se podle Bible uskuteční díky hnutí učedníků, kteří získávají další učedníky, což povede k hnutí zakládání sborů. Církev je viditelné společenství, jehož prostřednictvím se projevuje Boží království a které se bude i nadále šířit mezi národy až do dne, kdy se Ježíš vrátí. *To se děje tím, že učedníci získávají učedníky a sbory zakládají sbory, což je nejvlastnější podstatou misijního hnutí, učednictví a zakládání sborů.*

M3 - 5

Od slov k činům

Jsme přesvědčeni, že následující text je jednou z nejdůležitějších částí této knihy. Obsahuje otázky a cvičení jak pro jednotlivce, tak pro ty z vás, kdo pracujete v týmu. Ke každému z hlavních témat uvádíme též řadu případových studií (kazuistik). Na konci knihy najdete hodnotící škálu pro všechna cvičení i seznam učebních cílů, které jsme pro každé z témat stanovili. Pokud se chcete dozvědět více, můžete si prostudovat seznam doporučené literatury a zamyslet se, zda byste si nechtěli objednat některou z knih k dalšímu studiu.

Cvičení pro jednotlivce, úkoly pro tým a případové studie jsou specificky zaměřené na každé z podtémat knihy. Lze je využít k vyvolání diskuse během setkání týmu. Pokud je použijete tímto způsobem, bude důležité, aby se každý člen týmu připravil a materiál si prostudoval předem.

Úplně na konci této části najdete hodnotící škálu a učební cíle. Když si je budete procházet, můžete si zmapovat své pokroky: Děláme to, co je doporučeno, nebo je to pro nás jen akademická záležitost? Pracujeme v zamýšleném směru této kapitoly? Tímto způsobem budete schopni zhodnotit, jak postupujete ve srovnání s učebními cíli každé kapitoly.

M3-5-1 k M3-1: Jak získávat učedníky v současné společnosti – Øivind Augland a Håvard Kjøllesdal

M3-5-1-1 Týmové cvičení 1

V M3-1-1 jsme přemýšleli o tom, jak může být náročné, chceme-li se ve svém každodenním životě vytrvale věnovat určité praxi. Řekněte ostatním, které věci jsou pro váš život důležité, a jak můžete vytrvat v tom, abyste dělali ty, které jsou správné, ale ne vždy snadné. Můžete ostatním nabídnout nějakou praktickou radu?

M3-5-1-2 Týmové cvičení 2

Jedno ze cvičení v M3 má za cíl objasnit některé z praktických věcí, k nimž se chcete jako tým zakládání sboru zavázat. O jaké praktické věci se jedná a jak ovlivňují vaše priority? Zde je několik příkladů.

Příklad 1: Nový sbor se rozhodne, že chce, aby se všichni členové sboru zapojili do malých misijních skupinek. Je proto důležité, aby se vedení stalo součástí takovýchto skupinek a každý týden se jich účastnilo, čímž bude vzorem a dá najevo, že misijní skupinky považuješ ve svém vlastním životě za důležité.

Příklad 2: Modlitba je pro nás důležitá. Budeme tedy věnovat 30 minut z každého setkání vedoucích modlitbám a přímluvám za práci a za sebe navzájem. Staneme se příkladem vedení, jež vytváří kulturu, v níž mohou ze společenství vzniknout další skupinky vedoucích, kteří se budou řídit stejnou praxí. Stane se to natolik součástí naší kultury, že budeme moci říct: „My to tady prostě tak děláme."

» Jakou prioritu má ve vašem týmu zakládání sboru modlitba a přímluva?

» Zamyslete se nad úsekem cesty, který váš tým zatím urazil. Vidíte už nějaké důležité praktické věci, které se ve vašem týmu vytvořily?

» Jedná se o praxi, kterou jako tým chcete?

» Pokud ano, jak ji jako tým můžete ještě více a záměrně zdůrazňovat?

M3-5-1-3 Týmové cvičení 3

Znovu si přečtěte kapitolu M3-1-3, která je založena na Lukášovi 12, a prodiskutujte problémy, s nimiž se jako tým potýkáte, když máte být Ježíšovými učedníky v dnešní společnosti. Co je největší překážkou mezi kulturou vaší cílové skupiny a kulturou učednictví, kterou Ježíš popisuje v Lukášovi 12?

M3-5-1-4 Individuální cvičení

» Co pro vás znamená to, že Ježíš je Pánem nad všemi oblastmi vašeho života?

» Jaké důležité praktické věci ve svém životě s Ježíšem máte a jak se vám daří se jich v životě vytrvale držet?

M3-5-1-5 Případová studie 1

Po čase prostřednictvím působení vašeho týmu vydá svůj život Ježíši značný počet lidí. Jeden z nových křesťanů za vámi přijde a řekne: „Chtěl bych se více podobat Ježíši. Můžeš mi s tím pomoci?"

» Co mu odpovíte?

» Jaký plán máte, abyste pomohli lidem, kteří chtějí růst ve svém životě s Bohem?

M3-5-1-6 Případová studie 2

Tým zakládající nový sbor spolu pracuje už asi dva a půl roku, když si všimne, že se týmová dynamika mění k horšímu. Do dané čtvrti se přistěhovaly čtyři mladé manželské páry a všichni byli dobře připraveni na založení nového sboru. Většina z těchto lidí končila studia, brali tento úkol vážně, přemýšleli dlouhodobě a měli rozmanité dary i schopnosti a také jasnou strategii služby. Těsně po Novém roce se členové týmu sešli, aby si řekli, jak se věci v uplynulém roce dařily. Něco z toho, co bylo řečeno, ve vedoucím týmu Philipovi vyvolalo jisté obavy. Tom a Karen očekávají za čtyři měsíce své první miminko a zmínili, že se zajímají o koupi domu ve vedlejší čtvrti. Chtějí mít více místa, až se děťátko narodí, a ceny domů ve čtvrti, kde působí tým, jsou tak vysoké, že by si nemohli dovolit koupit tam něco většího. Také požadavky dítěte jim budou bránit v tom, aby se do práce zapojovali ve stejné míře jako dosud. Ovšem místo, kam se chtějí přestěhovat, není tak daleko, aby nemohli dojíždět na bohoslužby. Možná budou moci mít doma i domácí skupinky, pokud ovšem jejich nastávající dítko bude z těch klidnějších.

Tom pak s týmem mluvil o tom, že si ho dal zavolat jeho nadřízený – ředitel zdravotního střediska v jejich městě. Jedna věc, kterou ředitel zmínil, bylo, že se Tom rozhodl nedoporučovat ženám potrat, což akceptovalo pět dalších lékařů v jejich středisku, ale úplně něco jiného podle něho je, že se Tom aktivně brání používání ultrazvuku u žen před dvanáctým týdnem těhotenství. Tom to odmítl dělat, protože by to mohlo vést ke „třídění společnosti" a méně dětí by se rodilo s Downovým syndromem. Článek, který Tom napsal pro lékařský časopis, vyvolal mezi ostatními lékaři ve středisku debatu. Ředitel Tomovi řekl, že kvůli jeho postoji k těmto otázkám asi nebude moci zůstat ve stejných prostorách jako ostatní lékaři a když už se tolik proslavil v médiích – zkrátka Tom si musí dávat větší pozor při vyjadřování svých názorů. Každopádně ale vedení zvažuje, že bude potřeba snížit počet lékařů ve středisku, protože se v oblasti objevila nová soukromá klinika, která nabírá další nové pacienty, takže vedení zváží Tomovo místo. Karen tím byla zneklidněná a ozvala se, že přece musí být možné, aby Tom pracoval jako lékař, a přesto se nemusel „hádat kvůli každé prkotině". Bylo zjevné, že tento problém mezi Tomem a Karen vyvolává napětí.

Irene, obvykle výřečná a optimistická, byla toho večera neobvykle zamlklá. Když se jí přímo zeptali, co se děje, přiznala, že se právě vrátila z třídních schůzek 10. třídy a že dva z rodičů za ní po schůzce zašli a dost tvrdě jí řekli, co si o ní myslí. Prohlásili, že Irene zjevně využívá dobu vyučování k tomu, aby studentům prezentovala své náboženské názory, a že tím překročila to, nač má jako učitelka právo. Dcery těchto dvou rodičů jim doma tvrdily, že Irene je náboženská fanatička, která věří v satana a potírá vědecké myšlení, a že by se raději za lidi jen modlila, místo aby je poslala k lékaři. Rodiče se chystají o tom informovat ředitele školy, protože nedovolí, aby učitelé během vyučování žákům aktivně kázali o Bohu.

Irene se rodičům snažila vysvětlit, že důvodem toho všeho bylo, že jedna ze spolužaček těchto dvou studentek nedávno navštívila Indii (odkud pocházejí její rodiče) a viděla tam řadu věcí, které v ní vyvolaly pochybnosti o tom, zda je možné všechno vysvětlit empiricky a vědecky. Dívka popisovala řadu zážitků, jež si z Indie odnesla a kvůli kterým přemýšlela, jestli existuje duchovní svět, a řada dalších studentů přikyvovala na souhlas. Když se dívka Irene zeptala, co si o tom všem myslí, vzala v úvahu, že se jednalo o hodinu náboženství a filozofie a využila příležitost učit o víře ve znamení a divy ve všech velkých náboženstvích. Když se jí jeden ze studentů přímo zeptal, jestli osobně zažila znamení a divy, odpověděla, že ano. Z tohoto důvodu byli rodiče přesvědčeni, že překročila hranici, kterou překračovat neměla. Vždy prý měli podezření, že Irene je *nábožensky aktivní*. Irene teď přemýšlí, zda opravdu nepřekročila mez a jestli by neměla být při odpovídání na přímou otázku „neutrálnější" a na dotazy ohledně víry příště neodpovídat. Její manžel Arnie prohlásil, že na onu humanistickou školu je příliš „duchovní" a že by měla nejspíš přijmout nabídku, kterou dostala před několika měsíci, aby pracovala v křesťanské škole v jiném městě.

Když si to vše pověděli, vyzval vedoucí Philip všechny přítomné, aby se modlili a chválili Boha. Cestou domů dospěl k závěru, že by měl zavolat Frankovi, kouči jejich týmu, protože se najednou objevila spousta věcí, které ohrožovaly další postup zakládání sboru.

» Kdybyste byli koučem tohoto týmu, jak byste přistupovali k obavám, s nimiž se vám Philip chystal svěřit?

» Jak byste zhodnotili situace, v nichž se ocitli členové týmu?

» Jak byste ve svých radách tomuto týmu zdůraznili perspektivu učednictví?

» Prodiskutujte aktuální problémy, které vnímáte vy jako tým v tom, když chcete být Ježíšovými učedníky v dnešní společnosti, a uveďte strategie pro to, jak být solí a světlem světa, aniž byste byli ze světa.

M3-5-2 k M3-2: Učení apoštolů a modlitby – Harald Giesebrecht a Øivind Augland

M3-5-2-1 Týmové cvičení 1

Jako tým prodiskutujte následující otázku: Proč je podle vás důležité vytrvale se držet učení apoštolů – Božího slova? Jakými způsoby váš tým používá při své práci Boží slovo? Kdy a jak mluvíte o Božím slově a studujete ho společně? Jak váš tým pomáhá novým křesťanům lépe se seznámit s Božím slovem?

M3-5-2-2 Týmové cvičení 2

Prodiskutujte v týmu následující otázku: Jakými způsoby je váš tým vzorem modlitebního života, v němž můžete naslouchat Bohu a také s ním mluvit? Tvoří modlitba a přímluva jedněch za druhé součást života vašeho týmu?

M3-5-2-3 Týmové cvičení 3

Máte přímluvce, kteří se za váš tým pravidelně modlí? Jak můžete tyto lidi pravidelně informovat o modlitebních potřebách týmu? Existují další lidé, které byste mohli požádat, aby se stali součástí této důležité práce?

M3-5-2-4 Individuální cvičení

» Popište některé z praktických věcí ve svém životě, které mají svůj původ v Božím slově.

» Jak často a jakým způsobem studujete a čtete Boží slovo?

» Kdo vám pomáhá prakticky žít to, co vám při čtení Bible říká Bůh?

» Jaké největší překážky máte ve svém modlitebním životě a kdo vám s nimi může pomoci?

» Za koho se pravidelně modlíte?

M3-5-2-5 Případová studie 1

Ronny je první člověk, který přijal Ježíše poté, co váš tým začal přemýšlet o zakládání sboru, a stalo se to naprosto nečekaně. Prostě jste se potkali na večírku u společného známého a najednou bylo zjevné, že Ronny je tak „hladový" po přijetí evangelia, až se skoro nemůže dočkat! Ronny má partnerku a tři děti (dvě z nich jsou jeho) a jeho partnerka si s ním užila svoje, když si Ronny uklidňoval nervy alkoholem nebo marihuanou (Ronny byl v dospívání šikanován). Poslední dva roky se situace o něco zlepšila, když Ronny navštívil ezoterického léčitele, který ho naučil komunikovat se svým andělem strážným. Ronny je fyzioterapeut, ale v současnosti absolvuje druhý rok kurzu, díky němuž by měl být schopen pomáhat jiným lidem komunikovat s anděly. Ronny říká, že když se setkal s vámi a dalšími křesťany, pocítil lásku a pokoj, které nikdy předtím nepoznal, a prostě chtěl vědět, odkud se to všechno vzalo. Cítí, že když je s vámi, může být naprosto sám sebou a nemusí se bát, že ho odmítnete. Ronny nemá žádné jiné křesťanské vztahy ani kontakty.

» Jak by váš tým mohl hledat pro Ronnyho Boží pomoc?

» Jak byste použili Boží slovo při pomoci Ronnymu?

M3-5-2-6 Případová studie 2

Linda, která je v základním týmu, říká, že si čtení Bible spojuje se špatným svědomím. Pokaždé, když vytáhne Bibli, má pocit, že to dělá jen z povinnosti. A z toho, co čte, si stejně nikdy nic neodnáší. V týmu je několik dalších lidí, kteří se cítí úplně stejně. Co byste jim poradili?

M3-5-2-7 Případová studie 3

Po třech měsících, kdy se základní tým pravidelně scházel, si Tony všiml, že se během modlitební chvíle obvykle modlí pořád stejní lidé, zatímco ostatní se skoro vůbec nezapojují. Ti tři, kteří se modlí, se naopak modlí tolik, až to prakticky zakrývá fakt, že ostatní téměř nikdy nic neřeknou. A když lidé mluví o tom, co jim ukazuje Bůh, jsou to opět obvykle titíž tři lidé, kteří pokaždé „něco mají". Tonyho to trochu znepokojuje.

» Má Tony důvod se znepokojovat? Co byste Tonymu v této situaci poradili?

M3-5-3 k M3-3: Společenství a lámání chleba – Øivind Augland a Andreas Nordli

M3-5-3-1 Týmové cvičení 1

Bible nás vybízí, abychom měli účast v životech jiných lidí. To, jak členové vašeho týmu žijí a jednají s druhými, určuje kulturu, která se v novém společenství vytvoří. Jak může váš tým budovat kulturu, která bude podporovat sdílení života s druhými? Jak se to dá prakticky vyjádřit skrze způsoby spolupráce ve vašem týmu?

M3-5-3-2 Týmové cvičení 2

Bible nás vyzývá, abychom si navzájem sloužili svými duchovními dary.[191] Vyčleňte si jeden večer, kdy budete mluvit o duchovních darech, které každý z vás má. Udělejte si čas na to, abyste si navzájem poskytli zpětnou vazbu ohledně toho, jak z vašeho hlediska Bůh používá každého člověka a duchovní dary, které mu dal. Když zakládáme nový sbor, je potřeba udělat mnoho věcí, pro něž možná nemá nikdo obdarování. Tak už to zkrátka je. Zároveň je důležité, aby každý člen sloužil těmi dary, které dostal. Podívejte se na své současné úkoly v týmu a přemýšlejte, zda sloužíte pomocí konkrétních duchovních darů, které máte. Je každý z vás na správném místě?

M3-5-3-3 Týmové cvičení 3

V částech M3-1 až M3-3 jste měli možnost číst a přemýšlet o základní praxi rané církve. Jedním z hlavních úkolů v rámci části M3 – Multiplikace je definovat praxi, která je pro váš tým důležitá. Vyhraďte si delší čas, který strávíte společně a sepíšete si praktické věci, které chcete jako tým brát vážně a jež se stanou součástí DNA, která bude utvářet váš sbor.

M3-5-3-4 Individuální cvičení

» Máte někoho, s kým sdílíte svůj duchovní život?

» S kým se můžete modlit, sdílet s ním svá břemena a život?

» Napište si jména lidí, kteří se podíleli na vašem životě v minulosti a s kým život sdílíte nyní.

_____

_____

» Jaké duchovní dary máte a jak je používáte v týmu pro zakládání sboru? Napište o tom.

[191] 1. Petrův 4,10

[192] Efezským 4,29   Bible říká:

> Z vašich úst ať nevyjde ani jedno špatné slovo, ale vždy jen dobré, které by pomohlo, kde je třeba, a tak posluchačům přineslo milost.[192]

» Jak můžete povzbuzovat a budovat lidi kolem sebe?

» Je možné se v této oblasti nějak zlepšit?

M3-5-3-5 Případová studie 1

Nový sbor už funguje asi dva roky a je v něm 25 dospělých a 10 dětí. Společenství se schází ve třech malých skupinkách jednou týdně ve všední den. Jednou za měsíc mají všechny skupinky společné setkání. V neděli odpoledne se také koná rodinné setkání, kde přítomní povečeří a prostě jsou spolu. Řada nových lidí začala do sboru chodit právě díky těmto nedělním odpoledním setkáním. Ve sboru je též dost lidí, kteří chtějí rozjet nedělní dopolední bohoslužby, a několik členů navrhlo, aby se konaly alespoň každou druhou neděli. Vedení skupiny si není jisté, co by bylo správné udělat, a proto vás členové týmu jako kouče požádali, abyste jim v tomto procesu pomohl.

» Nad jakými tématy a oblastmi by se měl tým zamyslet, aby se mohl dobře rozhodnout?

» Napište si pět až sedm důležitých otázek, které by si měl tým vedoucích položit, aby mohl promýšlet ty nejdůležitější oblasti.

M3-5-3-6 Případová studie 2

Nový sbor už funguje asi tři roky a společenství tvoří pět malých skupin, v nichž je celkem 40 dospělých a mladých lidí a asi 30 dětí. V uplynulém roce bylo spaseno poměrně hodně lidí a tým vedoucích má pocit, že jejich pozornost vyžaduje mnoho věcí. Nemají žádné placené zaměstnance, ale přemýšlejí, jestli by nebylo na čase najít člověka na plný úvazek. Dalším těžkým úkolem je postarat se o to, aby řádně fungovaly skupinky. Je v nich řada lidí, kteří potřebují spoustu osobní následné péče, a mnozí zralejší křesťané si začínají stěžovat, že už nemají moc času a energie, které by mohli těmto lidem věnovat. Mají také pocit, že není snadné se ve skupince otevřít, protože si nejsou jisti, že to, co se ve skupince řekne, tam také zůstane. Tým vedoucích dospěl k závěru, že je potřeba kontaktovat kouče a požádat ho, aby jim poradil, co si s tím mají počít.

Jste kouč týmu a rádi bychom, kdybyste si při přípravě na tuto diskusi napsal odpovědi na následující otázky:

» Co považujete za největší problém, před nímž tento tým stojí?

» Sepište si pět až sedm důležitých otázek, které byste týmu vedoucích rádi položili.

M3-5-4 k M3-4: Vytváření kultury učednictví – Arnt Jakob Holvik

M3-5-4-1 Týmové cvičení 1

Praxe, kterou se jako tým zakládající sbor rozhodneme používat, výrazně ovlivňuje kulturu, jež ve sboru vznikne. Většina z toho souvisí s tím, jak budou noví křesťané vedeni k učednictví ve společenství. Bůh dává růst, ale my můžeme připravit půdu.

» V týmu prodiskutujete nejdůležitější prvky vaší stávající sborové kultury, které lidem pomáhají stát se Ježíšovými učedníky.

» Co přesně se děje poté, co je člověk spasen?

» Jak mohou být noví křesťané zakotveni ve víře a růst v ní v rámci společenství?

» Jak se budou učit o Božím slově, modlitbě, společenství, pokání apod.?

» Které nejdůležitější prvky vaší kultury mohou napomoci tomu, aby se to uskutečnilo?

» Kdo nese odpovědnost za to, aby se tyto věci děly? Kdo zajišťuje, aby se dělaly kvalitně?

M3-5-4-2 Týmové cvičení 2

Je Ježíš Pánem každé oblasti vašeho týmu zakládání sboru?

» Existují ve vašem týmu nějaké oblasti, které by podle vašeho názoru měly být *více* pod Ježíšovou vládou?

» Cítíte, že Duch svatý působí ve vašem týmu a společenství a vede ho? Jakými způsoby?

» Jakými způsoby Bůh promlouvá ke svým dětem podle toho, co je zaznamenáno v Bibli? Jakými způsoby Bůh promluvil a promlouvá k vašemu týmu?

» Jaké praktické věci musí váš tým dělat, aby měl čas naslouchat Bohu?

» Jak může váš tým zajistit, že budete jednat podle toho, co vnímáte jako Boží řeč k vám?

M3-5-4-3 Týmové cvičení 3

S týmem prodiskutujte následující otázky:

» Stalo se ve vašem týmu to, že noví učedníci získali další nové Ježíšovy učedníky?

» Vstupujete vědomě do sítě vztahů nových křesťanů, abyste jim pomohli oslovit další lidi?

M3-5-4-4 Individuální cvičení

» Zamyslete se nad tím, co pro vás na vaší osobní cestě růstu coby učedníků Ježíše Krista znamenalo nejvíce.

» Udělal si někdy někdo čas na to, aby vás vedl k učednictví podobným způsobem jako Ježíš, který učil „za pochodu"? Co si z této zkušenosti pamatujete a čemu jste se jejím prostřednictvím naučili? Vzpomínáte si na dobu, kdy jste toužili po tom, aby vás někdo takto k učednictví vedl?

» Existuje nějaký druh služby nebo „praktické" práce ve sboru, kterou děláte a k níž byste mohli přizvat nové křesťany, abyste s nimi mohli trávit čas, navázat s nimi bližší vztah a investovat do jejich života?

M3-5-4-5 Případová studie 1

Paul se na zakládání vašeho sboru podílí asi rok. Pochází z nevěřící rodiny a zdá se, že se mu ve společenství daří. Mnohokrát říkal, že má rád lidi, kteří tam jsou, protože jsou velice přátelští a přijímají ostatní. Pochází z úplně jiného prostředí než většina členů sboru.

Paul slyšel poměrně dost praktického vyučování o tom, jak by měl člověk podle Bible žít jako křesťan. Zároveň se zdá, že Paul všechno úplně nepochopil. Vypadá to, že se drží v pozadí, když dojde na uctívání a modlitbu, a čas od času mluví o věcech ve svém životním stylu, které nejsou v úplném souladu s Biblí, ale nezdá se, že by je považoval za problém.

[193] Jan 8,31-32

» Jak podle vás vypadá situace v Paulově životě a jaké jsou podle vás důvody toho, že v jeho životě stále existují pochybné věci?

» Promluvte si o tom, co byste vy a váš tým měli v této situaci dělat.

M3-5-4-6 Případová studie 2

Tým zakládající sbor od samotného počátku hodně mluvil o multiplikaci učedníků i sborů, ale dosud se nic moc nestalo. Jedním z důvodů je to, že příliš mnoho členů základního týmu se zdá být pasivní, když dojde na získávání a výchovu učedníků, a mnozí nejsou ochotní přinést pro učednictví nebo zakládání sborů oběti. Některým brání strach a úzkost, ale zdá se, že hlavním problémem je, že to nevidí jako něco, co by *právě oni* mohli dělat a zvládnout. Mají sklon si myslet, že získávání učedníků a zakládání sborů je něco, co obvykle dělají lidé, kteří mají na to, aby byli kazateli, zatímco sami sebe vidí spíše v podpůrné roli prostřednictvím finančních darů.

Víte, že pokud má vzniknout hnutí zakládání sborů, musí být do kázání evangelia zapojeno více lidí ve společenství. Více lidí musí být ochotno jít nebo se dokonce přestěhovat do nových oblastí, aby se tam mohlo šířit Boží království.

» Co byste měli udělat? Jak o tom začnete v této skupině mluvit?

M3-5-4-7 Pět otázek, které můžete použít pro vyhodnocení zralosti učedníka

Ačkoli možná nemáte na všechno zcela jasné odpovědi nebo jste sami nebyli proškoleni v učednictví, existují biblické indikátory, které lze použít k hodnocení zralosti učedníka. Dále uvádíme pět kritérií, jež můžete využít pro zamyšlení nad zralostí a učednictvím a nad tím, jaké ovoce by přinesla kultura, která získává a vychovává nové učedníky.

M3-5-4-8 Poslušnost Pánu Ježíši

Ježíš řekl židům, kteří v něj uvěřili: „Zůstanete-li v mém slovu, jste opravdu mými učedníky. Poznáte pravdu a pravda vás učiní svobodnými."[193] Do jaké míry jsem schopen přijmout Boží slovo a žít podle Ježíšova poselství? V tomto případě jde

[194] Jan 13,34-35

[195] Jan 15,8.16

o to, abyste se zamysleli nad nejvýznamnějšími způsoby, jakými Boží slovo ovlivňuje vaše každodenní rozhodování. Má Boží slovo vliv na moje rozhodnutí? Ústředním bodem v našich životech jako křesťanů by neměla být myšlenka, že jsme „dostali lístek do nebe, který nás už nic nestojí", ale skutečnost, že Ježíš je Pán. Je Pánem, protože všechno bylo stvořeno skrze něj. Je Pánem, protože nás vykoupil svým vlastním životem, když zemřel na kříži. Je Pánem, protože se jednoho dne vrátí a bude soudit živé i mrtvé. Ježíš je Pán, ať už se my lidé rozhodneme jeho vládu uznat nebo ne.

» Jaký způsobem ovlivňuje skutečnost, že Ježíš je Pán, váš každodenní život jako učedníků?

M3-5-4-9 Láska k Bohu a lidem

„Nové přikázání vám dávám, abyste se navzájem milovali; jako já jsem miloval vás, i vy se milujte navzájem. Podle toho všichni poznají, že jste moji učedníci, budete-li mít lásku jedni k druhým."[194]

Kříž tvoří dva dřevěné trámy a každý z nich ukazuje jiným směrem. Jeden z trámů směřuje vertikálně, k Bohu, zatímco ten druhý horizontálně, k lidem. Aby kříž mohl být křížem, potřebuje oba směry. Vertikální směr nám připomíná náš vztah s Bohem, zatímco ten horizontální vztah s jinými lidmi. Nebylo by správné, kdybychom oddělovali svůj vztah s lidmi od svého vztahu s Bohem. Když říkáme, že milujeme Boha, ale nemáme rádi jiné lidi, je něco špatně. Jako křesťané máme milovat Boha i lidi a tyto dvě oblasti jsou úzce spojené. To, do jaké míry milujeme Boha a lidi, nejlépe ukazuje, nakolik se podobáme Kristu.

» Jak to můžeme dávat najevo prakticky?

M3-5-4-10 Duchovní ovoce

„Tím bude oslaven můj Otec, když ponesete hojné ovoce a budete mými učedníky... Ne vy jste vyvolili mne, ale já jsem vyvolil vás a ustanovil jsem vás, abyste šli a nesli ovoce a vaše ovoce aby zůstalo; a Otec vám dá, oč byste ho prosili v mém jménu."[195]

Jsme spaseni pouze vírou v Ježíše. Díky Bohu za to! Bible nás zároveň upozorňuje, že víra bez skutků je mrtvá. Víra způsobuje, že v našem životě roste a zraje duchovní ovoce. To se projevuje dobrými skutky – duchovním ovocem, které přináší slávu Bohu.

[196] Žalm 84,11-12

[197] Jan 17,3

» Vidíte nějaké duchovní ovoce, které je produktem vašeho života?

[198] 2. Timoteovi 2,2

M3-5-4-11 Blízkost Ježíši

> Den v tvých nádvořích je lepší než tisíce jinde; raději chci stát před prahem domu svého Boha, než prodlévat v stanech svévolnosti, vždyť Hospodin Bůh je štít a slunce, Hospodin je dárce milosti a slávy, žádné dobro neodepře těm, kdo žijí bezúhonně.[196]

Naše každodenní blízkost Ježíši nám dává sílu, kterou potřebujeme, abychom mohli žít jako učedníci. Tuto blízkost někdy cítíme a jindy zase ne. Jako křesťané ale chceme vnímat a poznávat Boží přítomnost ve svém každodenním životě a naslouchat Božímu hlasu. Ježíš se ve své velekněžské modlitbě modlí: „A život věčný je v tom, když poznají tebe, jediného pravého Boha, a toho, kterého jsi poslal, Ježíše Krista."[197] Je rozdíl mezi tím, když někoho známe, a tím, když o někom víme. Řecké slovo, které je použito v tomto verši pro „znát", označuje hluboký osobní vztah, kdy se navzájem důvěrně známe. Takto je popisován vztah s Ježíšem.

» Slyšeli jste už někdy dřív o takovémto druhu láskyplného vztahu s Ježíšem?

» Existuje nějaký způsob, jak byste mohli rozvíjet bližší vztah s Ježíšem?

» Jste si vědomi nějakých překážek ve svém srdci, které vám brání v tom, abyste Ježíši dovolili plně vejít – strach, neodpuštění, zraněné srdce, zklamání, nepochopení?

» Máte někoho, s kým byste si o tom mohli promluvit a kdo by vám pomohl tuto překážku ve vašem srdci odstranit?

» Odvážíte se pozvat Ježíše dál, do každého koutku?

M3-5-4-12 Předávejte to dál

> A co jsi ode mne slyšel před mnoha svědky, svěř to věrným lidem, kteří budou schopni učit zase jiné.[198]

[199] Matouš 28,19 Jedním z nejzásadnějších úkolů při zakládání sboru je získávat učedníky a učit je, „aby zachovávali všecko, co jsem vám přikázal".[199] Učedník se musí naučit předávat dál to, co se sám naučil. Musíme vyučovat ostatní lidi, aby se stali učedníky. Pokud má zakládání sboru uspět, je nezbytné, aby tým začal vytvářet kulturu, jejíž DNA bude přispívat k tomu, aby lidé dokázali pomáhat jiným následovat Ježíše.

» Chcete v novém sboru vytvářet kulturu učednictví? Co můžete udělat pro to, aby se ve vašem týmu či společenství dařilo tento důležitý úkol realizovat?

M3-5-5 Učební cíle

V následující části najdete učební cíle, které jsme stanovili pro různá témata, jimiž se zabývaly předchozí kapitoly. Rádi bychom, abyste nyní ohodnotili sami sebe a to, co jste se naučili. Některé z učebních cílů se soustřeďují na získávání nových poznatků a pochopení daných témat, jejich zpracování a hlubší zamyšlení se nad nimi ve vztahu k vašemu vlastnímu životu a týmu. Další úkoly jsou konkrétnější a jsme přesvědčeni, že je důležité, abyste se jimi zabývali jako tým.

Každou z následujících vět ohodnoťte známkou 1 až 5 podle toho, jak dobře jste zvládli daný učební cíl. 1 odpovídá hodnocení: Nedal jsem si s tímto cílem dost práce, nedíval jsem se na úkoly, které k němu patří; 5 odpovídá hodnocení: Získal jsem solidní představu, zamyslel jsem se nad problematikou a vypracoval úkoly spojené s cílem výuky; hodnocení 2 – 4 je někde mezi tím. Doufáme, že se vám bude při hodnocení dařit.

M3-5-5-1 Jak získávat učedníky v současné společnosti – Øivind Augland a Håvard Kjøllesdal

○ ○ ○ ○ ○
1 2 3 4 5
Pochopil jsem, že žít jako učedník znamená, že Ježíš je Pánem mého života.

○ ○ ○ ○ ○
1 2 3 4 5
Mám představu o základní praxi sborové kultury, která bude pomáhat novým křesťanům, aby se rozhodli stát se Ježíšovými učedníky a vydali se k tomuto cíli.

○ ○ ○ ○ ○
1 2 3 4 5
Identifikoval jsem oblasti, kde učednictví čelí problémům a výzvám ze strany dnešní společnosti, a zamyslel jsem se nad strategiemi, jak těmto výzvám čelit.

M3-5-5-2 Učení apoštolů a modlitby – Harald Giesebrecht a Øivind Augland

Jako jednotlivci i jako tým jsme přemýšleli o tom, jak je možné jít novému společenství příkladem v transparentním životě, ochotě učit se a prožívání pokání a poslušnosti Ježíši jako Pánu a jeho slovu.

○ 1 ○ 2 ○ 3 ○ 4 ○ 5

Spolu s týmem jsem si vytvořil praktické návyky, díky nimž se Boží slovo a modlitba mohou stát přirozenou a nedílnou součástí práce na zakládání sboru, a chápu, jak mohu rozvíjet svůj osobní život modlitby a studia, který mi může pomáhat v mém životě s Ježíšem.

○ 1 ○ 2 ○ 3 ○ 4 ○ 5

Chápu, že je pro mne i naše společenství nezbytné, abych si vyhradil pravidelný čas, kdy naslouchám Bohu a mluvím s ním. To pak může ostatní motivovat k tomu, aby dělali totéž.

○ 1 ○ 2 ○ 3 ○ 4 ○ 5

M3-5-5-3 Společenství a lámání chleba – Øivind Augland a Andreas Nordli

Jako tým i jako jednotlivci jsme si promysleli, jak může náš základní tým posilovat kulturu, která bude povzbuzovat k účasti na životech jiných lidí, k životu v otevřenosti a ve vzájemné vykazatelnosti.

○ 1 ○ 2 ○ 3 ○ 4 ○ 5

Hlouběji jsem pochopil, že nás Ježíš dokonale smířil s Bohem a jaký to má dopad na mou službu a společenství.

○ 1 ○ 2 ○ 3 ○ 4 ○ 5

Spolu s týmem jsme identifikovali a promysleli viditelnou praxi a návyky, které by měly ovlivňovat naše priority a život našeho společenství a vytvářet kulturní DNA, jež bude mít vliv na budoucí život našeho sboru.

○ 1 ○ 2 ○ 3 ○ 4 ○ 5

M3-5-5-4 Vytváření kultury učednictví – Arnt Jakob Holvik

Rozumím Ježíšovu modelu multiplikace učedníků, jak ho představují evangelia.

○ 1 ○ 2 ○ 3 ○ 4 ○ 5

Chápu, co bude zapotřebí v mém životě a v životě našeho týmu změnit, abychom získávali učedníky, kteří budou získávat další učedníky.

○ 1 ○ 2 ○ 3 ○ 4 ○ 5

Chápu, jak může docházet k multiplikaci učedníků v našem týmu, a dokážu rozpoznat některé z důležitých prvků potřebných pro vytvoření kultury učednictví v našem společenství.

○ 1 ○ 2 ○ 3 ○ 4 ○ 5

„A hle, já jsem s vámi po všecky dny až do skonání tohoto věku."

Movement

M4

Hnutí –
A hle, já jsem s vámi po všecky dny až do skonání tohoto věku

M4-0

Úvod – Øivind Augland

[200] Matouš 28,20

„A hle, já jsem s vámi po všecky dny až do skonání tohoto věku."[200] Toto jsou poslední slova, která řekl vzkříšený Ježíš svým učedníkům, než byl vzat do nebe. Jeho slova platí stejně i pro učedníky dnes: Ježíš slibuje, že bude s námi po všechny dny. To je naše bezpečí a naděje – *a naše příležitost*. Když Ježíš prohlašuje, že je s námi, neznamená to, že je s námi pasivně, ale *aktivně*, tedy že v případě potřeby zasahuje a jedná. On je v našich životech proaktivní, má s námi osobní vztah a dělá to, co řekl, že bude konat naším prostřednictvím – *budovat svou církev*.

V části M1-1 *Boží království a jeho moc* jste četli o tom, jak chce Ježíš vést a budovat svou církev – jak si přeje, aby jeho církev rostla v moci a vlivu. Ten, který má veškerou moc v nebi i na zemi, je s námi každý den našeho života. Je s námi v našich běžných životních situacích a soustřeďuje se na to, aby se jeho království šířilo až na sám konec země. Tímto způsobem se má splnit jeho plán spasení. My se na realizaci jeho plánu spasení v tomto světě podílíme tím, že říkáme evangelium a rozšiřujeme jeho království ve všech národech. Zakládání sborů není jen nějaká aktivita, kterou dělám, ale *součást velkého Božího plánu spasení*. Bůh uvedl do chodu významné hnutí s jasným cílem. Aby bylo možné tohoto cíle dosáhnout, musíme pochopit základní principy multiplikace jak v přírodě, tak v Božím království.

O tom píše Dietrich Schindler v M4-1 *Základní principy multiplikace v Božím království* a v M4-2 *Jak vznikají multiplikující se hnutí*. Multiplikace zakládání sborů není fenoménem současnosti, který by hledal biblické ospravedlnění. Naopak je v zárodku popsán už v Ježíšových podobenstvích o růstu a obsažen v jeho příkazu, abychom získávali učedníky ve všech národech. V praxi se objevuje v aktivitách věnovaných zakládání nových sborů rané církve, jak je zachycuje kniha Skutků. „A tak se církve upevňovaly ve víře a počet bratří rostl každým dnem."[201] Je možné, aby se to stalo i dnes? V M4-2 uvidíme, jak můžeme přejít od dobrého zakládání sborů ke skvělému: Jak se můžeme postarat o to, aby se multiplikace dostala do centra toho, co zakládáme, a jak se náš sbor může během tří až pěti let sám multiplikovat?

Druhá část M4 – Hnutí se soustřeďuje na „osobní hnutí", tj. na náš osobní růst a rozvoj. Církev stojí a padá s kvalitou svých vedoucích. Neexistuje absolutně žádná záruka, že dokončíte běh, který jste začali. Je příliš mnoho lidí, kteří odbočí z trati nebo se úplně zastaví. Naší touhou je, abyste dokončili běh, který jste začali, a stali se hybnou silou změny, jež způsobí, že se Boží plán spasení v našem světě stane realitou. Terje Dahle píše o tématech, která jsou důležitá pro to, abyste mohli „dokončit běh". Musíte být zakotveni v Božím povolání pro svůj život, vědět, jak využívat svůj čas a budovat přitom svou duševní i duchovní sílu. Váš osobní rozvoj jako vedoucího se nedostaví jen tak sám od sebe. Je možný díky tomu, že převezmete zodpovědnost za svůj vlastní život. To je důležité nejen proto, že jste vzorem pro ostatní a budujete kulturu vašeho společenství, ale poněvadž musíte prožívat i zdravý osobní rozvoj a růst. *Nejdůležitější osoba, kterou vedete, jste vy sami.* „Dávejte pozor na sebe i na celé stádo, ve kterém si vás Duch svatý ustanovil za strážce..."[202] Všechno začíná tím, že se musíte starat o *sebe*. Dlouhodobý úspěch je závislý na osobním managementu, budování charakteru, sebereflexi a bázni před Bohem v našem životě.

Hnutí, která se v dějinách objevila, vznikla díky tomu, že Bůh povolával jednotlivé lidi a vysílal je, aby realizovali jeho plán s národy. Bůh formoval jejich charakter a uvedl je do role vedoucích, kteří měli vliv na města a země. Věříme, že se to může stát znovu. Bůh dnes povolává lidi z celé Evropy, aby multiplikovali vedoucí a sbory takovým způsobem, že bude možné uvést do pohybu nová multiplikující se hnutí. Třeba právě vy patříte mezi ně. Dbejte proto na to, abyste dokončili běh. Věříme, že obsah částí M4-3 a M4-4 vám v tom může pomoci.

[201] Skutky 16,5
[202] Skutky 20,28

M4-1

Základní principy multiplikace v Božím království – Dietrich Schindler

M4-1-1 Úvod

Kdybyste měli svůj sbor přirovnat k nějakému živočichovi, jaké zvíře by ho popisovalo nejlépe? Zamyslete se nad tím na okamžik. Co vás vedlo k tomu, že jste si zvolili právě toto zvíře? Tygr je silný a rychlý. Je možné, že se váš sbor vyznačuje právě těmito vlastnostmi. Želva je odolná a pomalá. Možná patříte ke sboru, který připomíná želvu.

Podívejme se na analogii mezi zvířetem a místním sborem z hlediska prenatálního vývoje. Prenatální vývoj je období mezi oplodněním a narozením. Jak dlouho sboru trvá, než „porodí" další nový sbor? U zvířat je doba gravidity různá. U slona trvá březost (doba od okamžiku oplodnění po porod) 616 dní, téměř dva roky. Myš může na druhou stranu přivést na svět mladé každých 20 dní. Slon rodí po jednom mláděti, ve vrhu myší bývá pět až deset mláďat. Za dobu, kterou potřebuje slonice k tomu, aby porodila jedno slůně, může myš přivést na svět tři sta až šest set myšek!

U zvířat se doba mezi početím a narozením výrazně liší. Totéž platí i pro sbory. Některé sbory zestárnou, aniž by něco přivedly na svět. Jiné dávají vznik novým sborům pravidelně. V čem je rozdíl? Rozdíl spočívá jak v perspektivě, tak ve vůli. Sbory, které „rodí" další sbory, samy sebe považují za součást Božího plánu, který se odráží v Písmu, a to je vede k tomu, že chtějí prožívat to, co vidí v Bibli.

Rád bych zdůraznil čtyři základní biblická témata, která se týkají růstu a multiplikace: multiplikace ve stvoření, v Božích smlouvách, v evangeliu a skrze něj a v zakládání sborů.

M4-1-2 Čtyři témata multiplikace v Bibli

M4-1-2-1 Multiplikace ve stvoření

Jako vstupní brána k tématu multiplikace nám může sloužit kniha Genesis. V této knize pojem „požehnání" (hebr. berak) zjevně zahrnuje multiplikaci, rozmnožování. První téma, kterému se budeme věnovat, je multiplikace nebo požehnání ve stvoření. O mořských živočiších a o ptácích Bible píše: „A Bůh jim požehnal: ‚Ploďte a množte se a naplňte vody v mořích. Létavci nechť se rozmnoží na zemi.'"[203] První lidé slyší obdobné požehnání: „A Bůh jim požehnal a řekl jim: ‚Ploďte a množte se a naplňte zemi. Podmaňte ji a panujte nad mořskými rybami, nad nebeským ptactvem, nade vším živým, co se na zemi hýbe.'"[204] Po záplavě, která zničila svět, Bůh uzavřel s Noemem smlouvu. „Bůh Noemu a jeho synům požehnal a řekl jim: ‚Ploďte a množte se a naplňte zemi … Vy pak se ploďte a množte, hemžete se na zemi a množte se na ní.'"[205] V těchto verších si můžeme všimnout opakování záměrného propojení slov „požehnat", „množit se" a „naplnit". Vidíme z toho, že multiplikace byla součástí Boží vůle ve stvoření.

M4-1-2-2 Multiplikace v Božích smlouvách

Ve vyprávění o stvoření je multiplikace požehnáním, které chce Bůh dát celému stvoření – rybám, ptákům, suchozemským živočichům i lidským bytostem. Po pádu člověka Bible spojuje Boží požehnání multiplikace s jeho smluvním lidem, od Abrahama až po církev. Z hlediska multiplikace se biologie stává kolébkou soteriologie.

Slib daný Abramovi (později *Abrahamovi*, což doslova znamená „otec mnoha národů") je výrokem o požehnání a multiplikaci. Uprostřed bezbožných kmenů a národů si Bůh vybírá Abrama a jasně říká: „Učiním tě velkým národem, požehnám tě, velké učiním tvé jméno. Staň se požehnáním! … V tobě dojdou požehnání veškeré čeledi země."[206] Tento slib slyší Abraham při různých příležitostech ještě čtyřikrát a pokaždé je s ním spojen živý obraz multiplikace. „A učiním, že tvého potomstva bude jako prachu země. Bude-li kdo moci sečíst prach země, pak bude i tvé potomstvo sečteno."[207] Potomků, kteří vzejdou ze Sářina neplodného lůna, má být nespočet jako hvězd na nebi.[208] Abramovi Bůh sděluje: „Převelice tě rozplodím a učiním z tebe pronárody, i králové z tebe vzejdou."[209] Když Abram prošel zkouškou ochoty obětovat svého jediného syna Izáka, Hospodin mu řekl: „Jistotně ti požehnám a tvé potomstvo jistotně rozmnožím jako nebeské hvězdy a jako písek na mořském břehu."[210] Slib, že se z něj stane velký národ, dává Bůh také Izmaelovi: „Hle, požehnám mu a rozplodím a rozmnožím ho převelice; zplodí dvanáct knížat a učiním z něho veliký národ."[211]

Protože Hospodin Izákovi požehnal, Izák „sklidil toho roku stonásobně".[212] Jákobovým potomkům bylo slíbeno, že jich bude jako mořského písku.[213] Z Jákoba „vzejde … národ a společenství pronárodů".[214] A Josef se měl stát „plodonosným

[203] Genesis 1,22
[204] Genesis 1,28
[205] Genesis 9,1 a 7
[206] Genesis 12,2-3
[207] Genesis 13,16
[208] Genesis 15,5
[209] Genesis 17,6
[210] Genesis 22,17
[211] Genesis 17,20
[212] Genesis 26,12
[213] Genesis 32,13
[214] Genesis 35,11

štěpem".[215] Požehnání a plodná multiplikace coby jeho projev jsou mocné a nepochybně živelné. Beyer poznamenává: „Jahveho požehnání je milostiplným božským darem, který Bůh dává ve své svrchované svobodě. Svou přízeň projevuje jednotlivcům nebo národům a způsobuje, že dílo jejich rukou prospívá."[216]

M4-1-2-3 Multiplikace v evangeliu a skrze něj

V Ježíšových podobenstvích objevujeme povahu budování Ježíšovy mesiášské dynastie. Ta má co do činění s multiplikací. V podobenství o rozsévači Ježíš sám sebe popisuje jako rolníka.[217] Jeho poselství o spasení má produkovat učedníky, kteří budou schopni získávat další učedníky v různých počtech, vrcholem je „stonásobek". Klade důraz na vysoký výnos.[218]

V podobenství o semeni, které je zapsáno jen v Markovi 4,26-29, Ježíš mluví o axiomatickém (tj. samozřejmém) růstu semínka nebo evangelia:

> „S Božím královstvím je to tak, jako když člověk zaseje semeno do země; ať spí či bdí, v noci i ve dne, semeno vzchází a roste, on ani neví jak. Země sama od sebe [automaton] plodí nejprve stéblo, potom klas a nakonec zralé obilí v klasu. A když úroda dozraje, hospodář hned pošle srp, protože nastala žeň." [219]

Ačkoli rolník rozsévá a může vytvořit podmínky pro růst, nemá v konečném důsledku moc zajistit, aby semeno rostlo. Nicméně semeno (evangelium) má tuto moc vrozenou. To má na mysli Pavel, když napsal, že evangelium je „moc Boží [dynamis tou theou] ke spasení pro každého, kdo věří".[220] Zde se setkáváme s povahou a mocí multiplikace. Spočívá v Bohu a v poselství, které Bůh dal posluchačům. Ježíš řekl, že je to obrazem Božího království.[221] Stejná moc, která může spasit,[222] způsobuje multiplikaci.[223]

Než Ježíš učedníky opustil, mluvil s nimi o svém očekávání, že budou přinášet více ovoce a lepší ovoce a skutky. „Amen, amen, pravím vám: Kdo věří ve mne, i on bude činit skutky, které já činím, a ještě větší, neboť já jdu k Otci."[224] Ježíš očividně měl velké očekávání a věděl, že jeho učedníci, kteří budou spoléhat na moc Ducha svatého a jeho přímluvu[225], dokážou pro království zvládnout mnohem více práce, než jí mohl vykonat on sám. Že to pro jeho posluchače byla neuvěřitelná myšlenka, je zjevné z jeho slov „amen, amen" na úvod. Ježíš tato slova používal vždy, když věděl, že mu jeho posluchači nebudou věřit.

---

[215] Genesis 49,22

[216] Kittel, Gerhard, hlav. red.: *Theological Dictionary of the New Testament*, 11 sv. Grand Rapids: Eerdmans, sv. 2 (1964): heslo *Eulogeo*, Hermann Wolfgang Beyer, s. 756.

[217] Matouš 13,1-9; Marek 4,1-9; Lukáš 8,4-8

[218] V Matoušovi a Markovi se objevuje stupňování plodnosti – třicetinásobek, šedesátinásobek, stonásobek.

[219] Marek 4,26-29

[220] Římanům 1,16

[221] Marek 4,26

[222] Římanům 1,16

[223] Marek 4,28

[224] Jan 14,12

[225] Jan 14,13

V Janovi 15 mluví Ježíš s učedníky o „větším množství" ovoce a „lepším" ovoci, které budou přinášet, když v něm budou zůstávat. „Tím bude oslaven můj Otec, když ponesete hojné ovoce a budete mými učedníky."[226] Ježíš si je specificky vyvolil pro tento úkol – aby nesli ještě hojnější ovoce.[227] Ovoce, o němž se zde hovoří, nepochybně přesahuje lásku, kterou měli dávat najevo. Když Ježíš řekl, že budou činit ještě větší skutky než on, nemluvil o lásce (vždyť kdo by měl schopnost milovat více než Ježíš?), ale o šíření Božího království prostřednictvím hlásání evangelia.

[226] Jan 15,8

[227] Jan 15,16

[228] Skutky 16,5 B21

[229] Genesis 11,4

[230] Genesis 12,2

M4-1-2-4 Multiplikace a zakládání sborů

Jeden ze zřejmě nejvíce zarážejících textů v celém Novém zákoně najdeme ve Skutcích 16,5 (B21): „Církve pak sílily ve víře a rostly v počtu každý den."[228] Gramatika tohoto textu nás vede k přesvědčení, že každý den rostly počty společenství, církví, ne počet učedníků v těchto církvích. V dobách rané církve vznikaly každý den nové sbory.

Prenatální období u nových sborů zakládaných v té době bylo krátké – jako u myší. V Evropě musíme začít diskutovat o tom, jak dlouhý by měl být prenatální vývoj v souvislosti s novými sbory. Doporučuji, abychom uvažovali o tříletém „prenatálním" období.

M4-1-3 Biblické principy, které vedou k růstu multiplikace

Poté, co jsme se podívali na biblické záznamy svědčící ve prospěch multiplikace, se nyní pustíme do zkoumání závěrů, které z nich můžeme vyvodit a jež nám mohou posloužit jako vodítka pro zamyšlení a jednání ve vztahu k multiplikujícímu se hnutí při zakládání sborů.

M4-1-3-1 Multiplikace začíná u Boha, ne u člověka

Mezi 11. a 12. kapitolou knihy Genesis vidíme výrazný kontrast. V Genesis 11 lidé přestali brát na Boha ohled a svůj osud vzali do vlastních rukou. Jejich cílem bylo vybudovat si stavbu, která by sahala až do nebe: „Tak si učiníme jméno a nebudeme rozptýleni po celé zemi."[229] Bůh se na jejich vzpouru díval se znechucením, zmátl jim jazyky a rozehnal je po celé zemi. Tato příhoda je postavena do protikladu s Božím povoláním Abrahama, v němž mu Hospodin říká: „Učiním tě velkým národem, požehnám tě, velké učiním tvé jméno. Staň se požehnáním!"[230] Tento protiklad nám může posloužit jako důležitá lekce: lidská snaha nikdy

[231] 2. Samuelova 7,18-19 B21

[232] 1. Korintským 3,7

[233] Koloským 2,19

[234] Skutky 13,2

[235] Skutky 2,47

[236] Skutky 11,21

„uměle nevytvoří" Boží požehnání. Bůh se takovým snahám postaví. Jak jsme již ukázali, multiplikace je výsledkem Božího požehnání a vzniká Božím působením. Bůh mluví, odhaluje svou vizi a dává sliby i sílu lidem, což vede k věcem, o jakých nikdo nikdy neslyšel ani nesnil. Vedoucí, který usiluje o takovouto multiplikaci, proto musí bezpodmínečně na prvním místě hledat Boha a jeho mysl a srdce.

Požehnání je především Božím darem. Člověk si je tedy nemůže zasloužit, vyrobit ani vymyslet, ale pouze ho přijmout. Požehnání je přenosem Božího života na lidi, kteří u něj „nalezli přízeň". Bůh své požehnání sděluje pomocí slovních obrazů, jež popisují to, jak by podle Boží představy měla vypadat budoucnost.

M4-1-3-2 Multiplikace je poháněna úchvatnou vizí

Obraz toho, jak si Bůh představuje budoucnost, je úchvatný. Pro lidského činitele je tato budoucnost obvykle nepochopitelná a zanechává v něm pocit nedostatečnosti a malosti. Spočítat zrnka písku na břehu moře, sečíst hvězdy na nebi nebo zjistit množství prachu na zemi znamená zůstat stát v údivu nad tím, co je lidsky nemožné. A přesto právě ona nemožnost dává této vizi její božskou kvalitu a hluboce se dotýká srdce člověka.

M4-1-3-3 Multiplikace se neobejde bez pokory

Každý člověk, kterého Bůh přizval, aby se stal součástí naplňování Boží vize multiplikace, dával najevo překvapení. Patriarchové, Mojžíš, David, Petr atd., ti všichni reagovali překvapeným zalapáním po dechu, jak vyjadřují Davidova slova: „Kdo jsem já, Hospodine, Pane můj, a co je můj dům, žes mě dovedl až sem? ... Bývá snad takový úděl člověka, Hospodine, Pane můj?"[231] To je ono napětí multiplikace. Ačkoli jsou do něj zapojeni lidští činitelé, v konečném důsledku je to Bůh, který umožňuje růst.[232] Onen zázrak a tajemství duchovního růstu bude navždy provázet ty, kdo rozsévají a sklízejí, a povede je k pokoře. Kristovo tělo „roste Božím růstem".[233]

M4-1-3-4 Multiplikace je aktivitou Ducha svatého

Duch svatý vyčlenil Barnabáše a Saula pro dílo, k němuž je povolal.[234] Tam, kde byli učedníci povoláni a vybaveni pro službu v Ježíšově jménu, se očividně projevovala skutečná moc. „A Pán denně přidával k jejich společenství ty, které povolával ke spáse."[235] Boží ruka byla s nimi a v důsledku toho „veliké množství lidí uvěřilo a obrátilo se k Pánu".[236] Tyto texty připomínají to, co Ježíš řekl o Duchu svatém a multiplikaci na začátku knihy Skutků: „Ale dostanete sílu Ducha svatého, který na vás sestoupí, a budete mi svědky v Jeruzalémě a v celém Judsku, Samařsku a až na sám konec země."[237]

M4-1-3-5 Multiplikace je zakořeněna v uctívání a modlitbě
Duch svatý povolal apoštoly k práci na multiplikaci zakládání sborů, „když konali bohoslužbu Pánu a postili se".[238] Dopad evangelia o letnicích byl založen na tom, že se učedníci společně modlili v horní místnosti v Jeruzalémě.[239] Pro první následovníky Ježíše Krista nebyla modlitba něco, co dělali, ale život, který žili.

M4-1-3-6 Multiplikace plyne z bázně před Hospodinem
Kromě toho, že raná církev byla posilována a povzbuzována Duchem svatým a početně rostla, žila také v bázni před Hospodinem.[240] Růst církve byl přímo spojen s bázní (úctou) církve vůči Pánu. „Všech se zmocnila bázeň" – to byl étos církve.[241] Není třeba říkat, že nepochybným a přirozeným důsledkem této bázně byl spravedlivý život (víra se vždy projevuje věrností).

M4-1-3-7 Multiplikace zahrnuje závislou aktivitu
Když hlavní iniciativa multiplikace vychází od Boha, je tedy vhodné, aby Kristovi následovníci usilovali o rozvoj multiplikujícího se hnutí? Není výsadním právem svrchovaného Boha, aby se rozhodl, kde k multiplikaci dojde a kde ne?

Z výše uvedeného studia můžeme vyvodit, že žádný lidský činitel o vznik multiplikujícího se hnutí neusiloval. Učedníci hledali Pána. Když se s nimi setkal, dal jim vizi a sílu pro rozjezd multiplikace. Zdůrazňujeme: hledali Pána, nevymýšleli strategii. Přesto neexistují žádné biblické texty, které by naznačovaly, že by křesťané neměli usilovat o takovéto hnutí. Bible upozorňuje pouze na to, že první křesťané ve svém uctívání, přímluvách i v životě kladli na první místo Krista a teprve druhotně se věnovali multiplikaci.

M4-1-3-8 Multiplikace žije z šíření evangelia
To, co podněcuje multiplikaci, je hlásání Božího slova. Lukáš to v knize Skutků jasně říká šestkrát: „Slovo Boží se šířilo a počet učedníků v Jeruzalémě velmi rostl. Také mnoho kněží přijalo víru."[242] „Ale slovo Páně se šířit nepřestalo."[243] Jediný způsob, jak se Boží slovo mohlo dále šířit, spočíval v tom, že ho rozšiřovali a dále nesli lidé, kteří mu věřili. Platí zde axiom: čím více se Boží slovo rozsévá, tím větší žeň přináší.

---

[237] Skutky 1,8

[238] Skutky 13,2

[239] Skutky 1,14

[240] Skutky 9,31

[241] Skutky 2,43, srov. 5,5 a 11; 19,17

[242] Skutky 6,7

[243] Skutky 12,24. Další odkazy ve Skutcích: 9,31; 16,5; 19,20; 28,31.

M4-1-3-9 Multiplikace probíhá různou rychlostí

Abraham, Izák, Jákob ani David během svého života neviděli, jak se jejich vize multiplikace, kterou jim Bůh dal, stala skutečností. Její realizace trvala stovky let. Oproti tomu ve Skutcích čteme, že se Boží slovo šířilo a církve rostly rychle. Tam, kde jeden člověk zažije multiplikaci již za svého života, se jí jiný Kristův následovník na této straně věčnosti vůbec nemusí dočkat. Například v Jižní Americe v současnosti probíhá intenzivní hnutí zakládání sborů, zatímco v Evropě pořád čekáme a věříme, že tato hnutí vzniknou.

M4-1-4 Závěr

Multiplikace v zakládání sborů není fenoménem současnosti, který by usilovně hledal nějaké biblické oprávnění či záruky. Právě naopak. Její první předběžné popisy najdeme už v Ježíšových podobenstvích o růstu, je nedílnou součástí jeho příkazu, abychom šli a získávali učedníky ve všech národech, a vidíme ji v praxi rané církve, která zakládala nové sbory, jak o tom svědčí kniha Skutků. Ve starozákonní době se multiplikace uplatňuje při stvoření i při vzniku a rozvoji izraelského národa. Vyrůstá z požehnání a smluvního vztahu mezi Bohem a jeho lidem.

M4-2

Jak vznikají multiplikující se hnutí – Dietrich Schindler

M4-2-1 Úvod[244]

Svět podnikání se jednoho rána probudil a s překvapením se setkal s novým měřítkem věcí. Bylo to v den, kdy Jim Collins zveřejnil své provokativní závěry v knize nazvané Jak z dobré firmy udělat skvělou[245]. S pomocí velkého týmu výzkumníků Collins identifikoval společnosti, které dokázaly přejít od dobrých výsledků k vynikajícím a ty si udržely patnáct nebo i více let. Zatímco dobré společnosti se nechaly ukolébat, aby podnikaly stále stejným způsobem, vynikající podniky měly skvělé výsledky v oblasti výběru zaměstnanců a personální struktury, byly schopné ověřovat, jak se věci ve skutečnosti mají, „překročit prokletí kompetentnosti a spokojenosti se stávajícím stavem", dbát na kulturu disciplíny a reagovat zrychlující se vývoj technologií. Detailní rozbor těchto oblastí přitáhl pozornost řady lidí a z knihy se díky tomu stal dlouhodobý bestseller.

[244] Tato část je založena na článku, který autor napsal pro čtvrtletník Evangelical Missions Quarterly (EMQ) v červenci 2008. Vyšel pod názvem Good to Great Church Planting: The Road Less Travelled.

[245] Česky: Praha: Grada Publishing, 2008.

To, co Collinse překvapilo, nebylo nadšené přijetí, s nímž se jeho kniha setkala v podnikatelských kruzích, ale její ohlas v neziskovém sektoru. Jedna třetina čtenářů se věnovala sociálním profesím a měla chuť aplikovat jeho principy ve své situaci. Collins vyšel vstříc hladu neziskového sektoru po větší srozumitelnosti a napsal dodatečnou monografii o tom, jak je možné princip „od dobrého ke skvělému" přenést i do oblasti sociálních a neziskových projektů.

Obraz vývoje „od dobrého ke skvělému" platí nejen pro podnikání a sociální sféru, ale i pro zakládání sborů. Sbory, které při zakládání dalších sborů vynikají, se soustřeďují na určité specifické disciplíny, které jejich oblastem služby dodávají pozoruhodnou, na principech hnutí založenou, energii, vizi a efektivitu. Účelem této kapitoly je prozkoumat ty oblasti v západní kultuře, kde se zakládání sborů daří více než úspěšně, a vysvětlit, jak lze dospět k tomu, abychom v této službě mohli být skvělí. Následující text je napsán pro zakladatele sborů a sbory, které zakládají další sbory – pro ty, kdo to dělají a chtějí to dělat lépe.

Během své více než dvacetileté zkušenosti zakladatele sborů v Německu jsem vypozoroval, že existuje sedm disciplín, které při zakládání sborů vedou od dobrého ke skvělému, a označuji je jako S7. Tím chci říct, že mají sedm „skvělých" atributů, které je odlišují od pouze „dobrého" zakládání sborů. Jsou to: načasované uvolňování, vzdálenost mezi generacemi, hloubka učednictví, zaměřenost, zaměření navenek, a reprodukovatelné modely. Pokusím se je vysvětlit v tomto pořadí.

Níže uvedená tabulka přehledně ilustruje hlavní rozdíly mezi dobrým a skvělým zakládáním sborů. Jednotlivé prvky objasním, budu ilustrovat a vyjádřím se k nim v další části této kapitoly.

„Od dobrého ke skvělému" zakládání sborů

Dobré zakládání sborů	Skvělé zakládání sborů
» Dlouhý čas rekonvalescence	» Načasované uvolňování
» Přímý vliv	» Vzdálenost mezi generacemi
» Důraz na vedení	» Hloubka učednictví
» Nahodilost a chaotičnost	» Zaměřenost
» Dostředivá síla	» Zaměření navenek
» Krátkozrakost	» Koordinátor multiplikace
» Důraz na obdarování	» Reprodukovatelné modely

M4-2-2 Načasované uvolňování

Na nachlazení, chřipku, bolest hlavy a nespavost nám farmaceutické firmy nabízejí všudypřítomné maličké kapsle s načasovaným uvolňováním. Tyto tabletky představují systém s kontrolovaným uvolňováním – jsou vytvořené tak, aby poskytovaly soustavnou léčbu tím, že jeden druh kapsle začne fungovat v okamžiku, kdy se ten předchozí vyčerpal. Skvělé zakládání sborů má v sobě zakomponovanou koncepci „načasovaného uvolňování". Jedná se o disciplínu, jejíž podstatou je stanovení data vzniku dalšího sboru, a to tak, že toto datum nebude příliš vzdáleno od data, kdy se rozjede stávající sbor.

Až příliš často jsem byl svědkem toho, že když mateřský sbor založil dceřiný sbor, přešel do stadia něčeho, co vypadalo jako neobvykle dlouhá doba „rekonvalescence". V našem evropském kontextu to může trvat deset a víc let, než sbor sebere dostatek odhodlání a zdrojů, aby se pustil do zakládání dalšího dceřiného sboru. To je osud pokusů o zakládání sborů, které nezačínají s výhledem na cíl, jímž je vznik dalšího nového sboru.

Sbory, které zakládají další sbory, budou jen těžko mít výrazný dopad na společnost mocí evangelia, pokud budou jednotlivé přírůstky přicházet po deseti nebo dvaceti letech. Disciplína načasovaného uvolňování před nás na druhou stranu staví cíl založení nových sborů za kratší časové období, a to maximálně v pětiletém výhledu. Sbory s velkým vlivem dbají na to, aby se z jejich středu zrodil nový sbor každé tři roky. Abych použil další analogii, tyto sbory každé tři roky znovu nastavují odpočítávání, které poběží až k datu rozjezdu dalšího sboru, dělají vše, co je v jejich moci, a věří Bohu, že uvidí, jak se rodí další nový život.

M4-2-3 Vzdálenost mezi generacemi

Načasované uvolňování je disciplínou řetězové reakce v zakládání sborů. Vzdálenost mezi generacemi je pak přesně to místo, kde na scénu začíná vstupovat multiplikace. Prarodiče mé manželky spolu v manželství prožili více než 75 let. Když zemřeli, dědečkovi bylo 105 a babičce 97 let a zůstalo po nich přes 150 potomků. Na vlastní oči viděli, jak se jejich život přenesl do pěti generací. Představte si, že držíte v náručí potomka z páté generace a víte, že první příčinou jste vy a vaše manželka! Efektivitu mateřského sboru v tom, jak se prostřednictvím zakládání sborů přenáší do dalších generací, odráží otázka vzdálenosti mezi generacemi. Skvělé sbory se tedy nesoustřeďují až tolik na sbory, které samy založily, ale na počet generací, jež z něj vzešly. Skvělé zakládání sborů počítá generace, ne jenom děti, které z něj vzešly.

To je podstatou multiplikace. Aby k multiplikaci mohlo dojít, musí první příčina nového života osvobodit sama sebe od přímého vlivu. Skvělí prarodiče nerodí přímo, jejich vnoučata přicházejí na svět nepřímo. Přímý vliv používá slovník sčítání: jeden sbor založí další prostřednictvím přímého vlivu. Kvalita multiplikace však spočívá v jejím nepřímém působení: jeden sbor dá svému „potomkovi" svobodu k tomu, aby zakládal další sbory. Vzdálenost mezi generacemi je důraz, s nímž se v našem evropském kontextu setkáváme jen zřídka, ale je klíčovou součástí toho, aby se multiplikace mohla odehrávat.

[246] Dallas Willard – Parafráze Matouše 28,18-20

M4-2-4 Hloubka učednictví

Zní to tak jednoduše! Proč tedy valná většina sborů takovýto růst v zakládání sborů nikdy nezažije? Odpověď spočívá ve třetím rozměru: hloubce učednictví. Znamená to vzít vážně Ježíšův úkol pro své následovníky, aby i z dalších lidí vychovávali ty, kdo se budou po celý život učit od Ježíše. Toto povolání nádherně parafrázuje Dallas Willard: *„Dostal jsem právo posledního slova nade vším na nebi i na zemi. Jděte tedy a získávejte mi učedníky ze všech lidí na světě. Ponořte je do reality Trojjediného Boha. A veďte je k tomu, aby dělali všechno, co jsem vám řekl. A podívejte se! Já jsem s vámi každou minutu, dokud nebude tento úkol zcela splněn!"* [246]

Kvalita hloubky ve sborech, které při zakládání sborů přešly z kategorie dobrých do skupiny skvělých, přímo souvisí s tím, jak dobře vychovávají učedníky, kteří pak získávají další učedníky. Výzvou multiplikace sborů je neustálá potřeba nových vedoucích. Dobré vedení ale začíná dobrým učednictvím. Osvědčený učedník je nejlepším základem pro to, aby se z něho stal vedoucí, který má vliv na druhé. Stručně řečeno, získávání a výchova učedníků, kteří získávají a vychovávají další učedníky, se stává startovní rampou pro sbory, jež zakládají další sbory.

Abychom se dostali do stavu, kdy učednictví bude záměrné, reprodukující se, evangelizační a bude směřovat k rozvoji vedení, potřebujeme více než jen talentované vedoucí. Musíme si cenit zdravých systémů výchovy k učednictví, které jsou lepší než lidé, co je používají, a implementovat je. Zdravý systém reprodukce prospívá všem, kdo jsou v něm zapojení. Lidem vštěpuje Kristovu podobu takovým způsobem, jakým by to sami nedokázali.

Sbory, které skvěle zvládají zakládání dalších sborů, jsou svědky proměny životů a zdravého růstu už u svých nejmenších jednotek – malých skupinek nebo trojic. Sbory se rychle reprodukují navenek, protože u nich dochází k systematické vnitřní reprodukci. Podobně jako v případě organismu celého sboru platí, že by i jeho členové, kteří získávají další učedníky, měli mít své termíny načasovaného uvolňování. V takovýchto systémech se předpokládá, že nevěřící i věřící budou dohromady zažívat, jak lidé přicházejí ke Kristu nebo jak v něm dorůstají zralosti.

M4-2-5 Zaměřenost

Motorem růstu sboru je touha po růstu. Takto zní stručný závěr C. Petera Wagnera.[247] Totéž platí o zakládání sborů, které má přejít od dobrého ke skvělému. Je potřeba o ně záměrně usilovat, jinak k němu nedojde. Z nikoho se nikdy nestal koncertní klavírista samovolným vývojem. A ani žádné hnutí zakládání sborů nevzniká jen tak. Inspirativní vize a hluboce pociťovaná potřeba jsou palivem, které pohání záměrné jednání. Bůh inspiroval patriarchy tím, že jim ukázal úchvatné obrazy budoucnosti: hemžící se davy lidí, jichž bude nespočetné množství – jako hvězd na nebi nebo zrnek písku na břehu moře. Skutečně inspirující vize vnímá budoucnost skrze Boží velikost a přitahuje k sobě přihlížející stejně, jako magnet přitahuje kov.

Avšak i ta nejpůsobivější a nejpřesvědčivější vize ztrácí s časem svou přitažlivou moc. Stavitelé hradeb kolem Jeruzaléma byli evidentně inspirováni Nehemjášovou vizí a okamžitě se pustili do práce. Přesto je vize neuchránila od toho, aby na svém úkolu nepřestali pracovat. V jejich případě ztratila svůj lesk po 26 dnech a oni následně práci přerušili. Vize je jako táborák: časem vychladne, a je proto potřeba pravidelně přikládat, pokud možno na měsíční bázi, aby se jí lidé dále pevně drželi.

Vize sama o sobě, i kdybychom ji pravidelně „krmili", nestačí na to, aby většinu lidí vedla k činům. Inspirace potřebuje přísadu v podobě hluboce pociťované potřeby. Potřeba nás žene k činům. Dokladem toho jsou velikáni a sociální a duchovní reformátoři jako Martin Luther King Jr., William Wilberforce, Madame Curie nebo Matka Tereza.

Můj otec zemřel ve věku 58 let na infarkt, jemuž předcházelo selhání ledvin. Proto mě lékař nabádal, abych si nechal ledviny jednou za rok vyšetřit. Přikývl jsem na souhlas – a nic nepodnikl. Tedy až do okamžiku, kdy jsem si jednou ráno všiml symptomů, které mohly ukazovat na problémy s ledvinami. Do půldruhé hodiny jsem seděl v ordinaci u specialisty. To, co způsobilo změnu mého chování, nebyla vize, ale hluboce pociťovaná osobní potřeba. Když člověk vidí krev tam, kde by být neměla, opravdu ho to pobídne k činu.

Skvělé multiplikující se zakládání sborů zařadí rychlost tím, že cítí zdrcenost, zranění a bolest lidí, kteří nejsou oslovováni konvenčními sbory. Ježíše rozzlobila a ohromila tvrdost srdce některých jeho posluchačů.[248] Cítil až psychosomatickou bolest nad ztraceností ztracených.[249] Byl to hluboce pociťovaný zármutek nad stavem srdce těchto lidí, co jej i jeho následovníky vedlo k práci na žni.

[247] Wagner 1984

[248] Marek 2,5

[249] Matouš 9,36

Je to už dvacet osm let, ale stále si pamatuji první větu, kterou pronesl můj první profesor homiletiky na úvodní hodině. Dr. Holmes tiše, ale pevně řekl: „Z většiny z vás se nestanou skvělí kazatelé (pauza), protože nemáte *plán*, jak se skvělými kazateli stát." Záměr je matkou kvality. Ačkoli to není zárukou u hnutí, které je svou podstatou duchovní, takové hnutí přesto není vedlejším produktem náhody, ale je výsledkem záměru.

M4-2-6 Zaměření navenek

To, kde trávíme náš čas, podtrhuje naše hodnoty. To znamená, že naše jednání bude vždy vynášet na povrch naše skutečné přesvědčení. Přesvědčení se měří ochotou jednat. Můžeme hlásat důležitost hledání ztracených, ale to, kde trávíme svůj čas, bude určovat, co opravdu považujeme za důležité. Muži a ženy stojící za skvělými službami zakládání sborů tráví spoustu času s těmi, jež jsou povoláni oslovit. Tím jednají stejně jako Ježíš, který byl vnitřně motivovaný a přitom zaměřený ven.

Mnoho služebníků investuje většinu své energie do lidí, kteří už byli osloveni. Pohodlnou překážkou toho, abychom trávili čas se ztracenými, se může stát psací stůl. Tuto překážku musíme překonat. Podíváme-li se na to, kde Ježíš trávil své dny, vidíme, že se věnoval žni a chodil křížem krážem Galileou se skupinkou polovičatých a neúplně přesvědčených, ale hledajících následovníků.

Čím je služba starší, tím silnější je gravitační síla působící na lidi uvnitř. Gravitace je problém, na nějž narážím, když se chci dostat z Frankfurtu do Chicaga. Abychom se dostali ze stodoly ke žni, musíme být silně zaměření navenek a vymaňovat se z dostředivé síly sboru.

Během prvních dvou let existence našeho nového sboru v Kaiserslauternu jsem záměrně osobně navštívil více než 400 firem. Úmyslně jsem žádal, abych mohl mluvit s ředitelem, a představoval jsem se jako nový pastor nového společenství ve městě, který se chce seznámit se „sousedy". Z těchto návštěv vzešlo několik významných a pamětihodných rozhovorů, z nichž některé skončily modlitbou. Určitě jsem toho měl dost na práci i bez toho, abych oslovoval podnikatelskou sféru, ale uvědomil jsem si, že potřebuji pravidelný kontakt s nekřesťany – a oni potřebovali mít ve svém životě křesťana.

Pokud záměrně usilujeme o to, aby vzniklo multiplikující se hnutí zakládání sborů, musíme zdůraznit velikost OIKOS každého jednotlivce. Koncepci OIKOS ve vztahu k evangelizaci vysvětlují Tom Wolf a Ralph Neighbour.[250] OIKOS je naše síť vztahů. Abychom identifikovali svůj evangelizační OIKOS, napíšeme si jména všech lidí, s nimiž v průměrném týdnu strávíme hodinu nebo více a kteří nejsou Ježíšovými následovníky. Tito lidé tvoří naše přirozené mosty k evangeliu. Čím více takovýchto vztahů máme, tím větší příležitost má Bůh, aby do jejich životů vstoupil naším prostřednictvím. Složený OIKOS všech členů týmu vytváří potenciální sbor. Neighbour shrnuje problém dysfunkce při zakládání sboru těmito slovy: „Méně než 1 % placených *pilířů sboru* investovalo (sic) jednu hodinu týdně do rozvíjení osobních vztahů s lidmi, kteří se prakticky nikdy v životě nesetkali s církví."[251] Neříká nám Neighbour náhodou to, že člověk svou práci dělá hlavně tehdy, když není v zaměstnání?

Ježíš nás učil, abychom byli orientovali ven. Abychom se soustředili na to, co vede k rozkvětu hnutí zakládání sborů, které dokáže přejít od dobrého ke skvělému. Budoucnost všech viditelných služeb tkví ve žni,[252] z níž vzejdou vedoucí zítřka. Budoucnost církve spočívá v lidech, kteří dnes ještě nejsou křesťany. Myšlení orientované navenek je misijní myšlení.

M4-2-7 Koordinátor multiplikace

Proč jsme ještě neodpověděli na výzvu multiplikace zakládání sborů v Evropě? Jeden z důvodů spočívá v tom, jakou energii a pozornost vyžaduje založení byť jen *jediného* sboru. My, kdo jsme sbory založili, víme, jak vyčerpávající úkol to je. Na další aktivity už energie zbývá jen zřídka. Zakládání sborů se často děje na úkor multiplikace.

Aby mohlo dojít k multiplikaci zakládání sborů, potřebujeme „bifokální" vizi. Cíl založit jen jeden sbor svědčí o krátkozrakosti při zakládání sborů. Vidět za hranice tohoto jednoho sboru k řadě nových sborů představuje dalekozrakost úkolu, který vede k multiplikaci. Právě zde vstupuje do hry koordinátor multiplikace. Jeho úkolem je dohlížet na proces multiplikace, nesoustředit se na bezprostřední situaci, ale hledět daleko k horizontu. Je správcem průběhu procesu, koučem, který má plán tréninku, letovým dispečerem, který dohlíží na starty a přistání letadel.

[250] Neighbour 1990, 82

[251] Neighbour 1990, 82

[252] Matouš 9,35-38

Koordinátor multiplikace dbá na to, aby se nově vznikající sbor držel stanovených pravidel, co se týče získávání učedníků, rozvoje vedení, školení koučů a vytváření týmů, jež budou zakládat nové sbory. Funguje jako jakýsi kontrolor procesu, který má dát vzniknout úplně nové generací sborů. Koordinátor multiplikace je genealogem hnutí zakládání sborů, který je schopen nám ukázat, jak celé hnutí vzniklo a jak drží pohromadě.

M4-2-8 Reprodukovatelné modely

Každé skvělé hnutí potřebuje zdravé systémy reprodukce, které jsou lepší než ti, kdo je používají. Takové systémy nejsou jen praktické, snadno použitelné a reprodukovatelné, ale mají i samy o sobě pozitivní vliv na své uživatele. Tímto pozitivním vlivem je moc proměny ke Kristovu obrazu a moc oslovovat lidi kolem sebe.

Ve sboru, který jsme založili před osmi lety ve městě Kaiserslautern (100 000 obyvatel), jsme experimentovali s hybridní formou trojic, jež zpopularizoval Neil Cole. Tento model je jednoduchý a reprodukovatelný. Na počátku se domluví tři muži nebo tři ženy, kteří následují Krista, a vytvoří trojici nebo miniskupinku. Na prvním setkání je stanoveno „datum spotřeby" – šestiměsíční lhůta trvání skupinky. (Jogurt a zdravé miniskupinky mají stejnou expirační dobu, která nám říká, jak dlouho se můžeme spoléhat na to, že věc bude kvalitní.) Každý člen se zaváže, že budou společně praktikovat to, čemu Cole říká duchovní dýchání. V našem kontextu se všichni nadechujeme – čteme tři kapitoly z Božího slova denně, všichni stejné texty. Když se jednou týdně scházíme, mluvíme o tom, jak k nám Bůh mluvil, a pak vydechujeme – vyznáváme, jak jsme během uplynulého týdne žili. Spousta informací o učednictví nedokáže změnit život, protože lidem říká, jak by *měli* žít. Jen když si navzájem upřímně povíme, jak *opravdu* žijeme, dochází ke změně života. Klademe si proto otázky spojené s pokušením, penězi, rodinou, hněvem atd. V průběhu několika dalších měsíců přidáváme do skupinky čtvrtého člena.

Na konci šestého měsíce se každá skupinka sejde k jídlu, aby oslavila Boží dobrotu a signalizovala, že se rozdělí na dvě skupinky po dvou. Každá dvojice pak pozve do své miniskupinky jednoho nekřesťana ze svého OIKOS, a to na úvodní dvoutýdenní období. Tím poskytnou hledajícímu dost času na to, aby se o něj mohla „ucházet" Boží milost, a zároveň nabídnou pohodlnou a nemanipulativní možnost odejít, kdyby dotyčný nechtěl pokračovat. Skupiny se pak soustředí na to, aby nekřesťané uvěřili v Krista a pokračovali v proměně života v rámci miniskupinek. Tyto skupinky jsou opět nastavené tak, aby se po dalších šesti měsících plánovaně rozdělily.

Krása této formy reprodukovatelného systému získávání učedníků tkví v tom, že nepotřebuje vedoucího. Není závislá na obdarování jednotlivce, aby fungovala. A díky ní se neprohlubuje jen duchovní život křesťanů, ale je orientovaná i na žeň – už ze své podstaty umožňuje, aby lidé přicházeli do Božího království.

„Milost je protikladem zásluh, ale ne úsilí," říká Dallas Willard. Pro získávání učedníků je potřeba úsilí a dobrý reprodukovatelný model. John Wesley na to přišel ve svém reprodukovatelném systému, který spočíval v zakládání tzv. „tříd". „Scházeli se každý týden, aby podali zprávu o svém osobním duchovním růstu, podle pravidel a postupů, které Wesley pečlivě promyslel a vytvořil."[253] Ke změně života dochází tam, kde je blízkost, otevřenost a vykazatelnost. To jsou věci, z nichž vznikají Boží hnutí a které vedou ke zdravé multiplikaci.

M4-2-9 Závěr

Ačkoli západní svět zažívá v zakládání sborů novou energii, mnoho vynaloženého úsilí v minulosti a asi i v budoucnosti bude v nejlepším případě možné označit za dobré. Stejně jako ve světě podnikání, i ve světě zakládání sborů je potřeba stanovit nová měřítka nebo disciplíny, abychom se dostali od dobrého ke skvělému. Bude k tomu zapotřebí Boží moc a pevné rozhodnutí mužů a žen, kteří mají konkrétní záměr vytvořit skvělá hnutí zakládání sborů. Básník Robert Frost naznačil, že po těchto cestách nejde mnoho lidí, protože jen málokdo je ochoten se vydat méně prošlapanou stezkou.

> Dvě cesty, les – a já šel tou
> jen o trochu víc zarostlou.
> A proto dneska jsem, kde jsem.[254]

Záleží na Boží moci a síle našeho rozhodnutí, jak založení sboru dopadne. Rozdíl určuje naše odhodlání být lepší než dobří a dosáhnout skvělého. V úsilí založit sbory typu S7 se musíme rozhodnout jednat záměrně, orientovat se navenek a na reprodukci – právě v těchto disciplínách se liší sbory, které jsou v zakládání sborů dobré, od těch, které jsou skvělé. Významný misionář a misiolog Roland

[253] Henderson 1997, 11

[254] Robert Frost: *Cesta, jíž jsem nešel* (Praha: Prstek, 2010. Překlad: Tomáš Jacko)

[255] Allen 1997, 13

[256] 2. Timoteovi 4,7

[257] Židům 12,1

[258] Židům 10,36; 2. Timoteovi 2,5

[259] 1. Timoteovi 4,16

Allen to formuloval velice výstižně: „Velké Boží věci jsou mimo naši kontrolu."[255] Ano, mimo naši kontrolu, ale ne mimo naši víru nebo náš vliv v partnerství s Božím Duchem a v souladu s jeho slovem. Skvělé zakládání sborů se vydává méně prošlapanou cestou – a to pak mění osudy obrovského počtu lidí.

M4-2-10 Dokončit běh

Pavel píše, že bojoval dobrý boj, dokončil běh a zachoval si víru.[256] Také my musíme vytrvat v běhu, který máme před sebou,[257] a běžet tak, abychom získali věnec vítězství.[258]

Váš osobní běh určuje, jak dobře se vám bude dařit v práci na zakládání sborů a proměně společnosti. Pavel píše Timoteovi, že musí dávat pozor sám na sebe a na své učení.[259] Tím, že budete dávat pozor sami na sebe, se můžete stát člověkem, který bude moci říct: „Dokončil jsem běh." Pak vám Ježíš řekne: „Dobře, služebníku dobrý a věrný!" Na to, jak běžet běh, se podíváme ve dvou posledních částech M4 – Hnutí.

M 4 - 3

Abyste mohli dokončit běh, musíte se o sebe starat – Terje Dahle

[260] Skutky 20,28

[261] Soudců 13,1 – 16,31

[262] 1. Královská 11

M4-3-1 Úvod

V posledních dvou částech M4 se budeme věnovat tématům M4-3 *Abyste mohli dokončit běh, musíte se o sebe starat* a M4-3 *Abyste mohli dokončit běh, musíte vést sami sebe*. V M1-3 jste četli o tom, jak vám spolupráce v rámci týmu pomáhá rozvíjet práci na budování sboru, který vytrvá i tváří v tvář výzvám, jimž bude čelit. Tato část se zabývá tím, jak můžete dokončit běh, který vám Bůh uložil, a jak se při tom o sebe můžete dobře starat. Toto téma je mnohem rozsáhlejší, než kolik na ně máme prostoru v této knize, ale věříme, že vám i přesto můžeme nabídnout důležité postřehy, které vám mohou na vaší cestě pomoci. Když se Pavel chystal předat zodpovědnost vedoucím církve v Efezu, řekl jim: „Dávejte pozor na sebe i na celé stádo, ve kterém si vás Duch svatý ustanovil za strážce."[260] Pavel si byl velice dobře vědom různých nebezpečí – nebylo zaručené, že vedoucí, které ustanovil nad církví, svou práci dobře dokončí. Měl realistickou představu o lidské slabosti.

Bible je plná příběhů o obdarovaných lidech, kteří se setkali s Bohem a získali velký vliv, a *přesto neměli charakter nebo vytrvalost, aby dokončili běh*. Čteme o Božích lidech, kteří prožili vítězství i porážky, zkoušky i selhání, moc i vítězství. Čteme také o tom, jak se Bůh v Ježíši stal tělem a krví, aby byl jako my a mohl se ztotožnit s naší lidskostí. Bible o těchto věcech mluví velice upřímně a poskytuje nám spoustu poznání i informací, abychom z nich mohli těžit, když se ocitneme v průkopnické práci, která si od nás žádá všechno.

» Samson měl zvláštní Boží povolání, ale nebral ho vážně a neměl ani charakter na to, aby zvládl sílu, kterou mu Bůh dal.[261] Ačkoli pro Boha vykonal velké věci, jeho život skončil tragédií.

» Šalomoun dostal od Boha nadpřirozenou moudrost a navázal na vládu svého otce Davida, která pro Izrael představovala dobu největší slávy. Po určitou dobu svou zemi vedl dobře, ale slabost pro ženy odvedla jeho srdce od Boha k modlářství. Konec Šalomounova života se nenesl ve znamení slávy a úcty, ale hanby. [262]

[263] 2. Timoteovi 4,7

[264] Židům 11

[265] Židům 12,1-3

[266] MacDonald, Gordon: *A Resilient Life*. Nashville: Thomas Nelson Publishing, 2004, s. vii.

[267] Židům 6,10

[268] Genesis 45,4-8

[269] Efezským 1,4

[270] Jeremjáš 1,5; Žalm 139,16

» Ačkoli se Petr vždy rychle ujal slova a ještě rychleji jednal, Ježíš mu svěřil velkou zodpovědnost. Když byl Petr vyděšený a zapřel Ježíše, Ježíš ho v okamžiku jeho pádu nezavrhl. Ukázal mu, že Bůh vždy křísí a obnovuje lidi. Jen několik týdnů po tomto selhání stál Petr před lidmi a kázal s takovou odvahou, že několik tisíc lidí přijalo evangelium. Právě prostřednictvím tohoto procesu porážky a obnovy získal Petr duchovní základ, který potřeboval k tomu, aby dokázal zvládnout povolání, jež přijal. Církevní historik Eusebius říká, že Petr byl ukřižován kolem roku 64 během velké vlny pronásledování, kterou zahájil císař Nero.

Když Pavel psal na sklonku svého života jeden ze svých dopisů, mohl prohlásit: „Dobrý boj jsem bojoval, běh jsem dokončil, víru zachoval." [263] V Listu Židům[264] se dočteme o mnoha hrdinech víry, kteří dokončili běh uprostřed výzev a protivenství. Žili v souladu s tím, co se píše v Židům 12: „Proto i my, obklopeni takovým zástupem svědků, odhoďme všecku přítěž i hřích, který se nás tak snadno přichytí, a vytrvejme v běhu, jak je nám uloženo, s pohledem upřeným na Ježíše, který vede naši víru od počátku až do cíle. Místo radosti, která se mu nabízela, podstoupil kříž, nedbaje na potupu; proto usedl po pravici Božího trůnu. Myslete na to, co všecko on musel snést od hříšníků, abyste neochabovali a neklesali na duchu."[265]

Pokud chceme vytrvat až do konce a být odolní vůči protivenství, které přichází spolu s životem a službou, již nám Bůh svěřuje, musíme být pevně *odhodláni* dokončit běh. Musíme ignorovat urážky a dovolit, aby se uzdravila naše zranění a bolest z minulosti, a upírat zrak na Boha a jeho velký plán spasení, na němž nám díky své milosti dává možnost se podílet. Abychom to dokázali, musíme být odhodláni se celý život učit a rozvíjet.[266] Zakladatel sboru je maratónský běžec, takže vytrvalost je naprosto nezbytná.[267] Síla charakteru, obdarování a schopnosti musí spolupracovat – nejsou ve vzájemném konfliktu a neměli bychom je stavět proti sobě. Josef měl mnoho důvodů vzdát se svých snů, ale nakonec viděl, jak se staly realitou a splnily se – Bůh si ho použil, aby zachránil celý národ.[268] Věříme, že k tomu, abyste mohli dokončit běh, musíte dbát sami na sebe a vzít v úvahu určité důležité věci.

M4-3-2 Boží povolání

Základem pro práci na zakládání sboru je vědomí, že jsme povoláni Bohem. Nejsme tady náhodou[269] – Bůh nás znal už před založením světa.[270] Všichni máme určitou historii, narodili jsme se za určitým účelem a víme, kam nás Bůh povolává. Vědomí vlastního povolání vytváří základ pro pochopení smyslu našeho života. Ježíš nás volá k životu, který je zaměřen na cíl.[271]

» Josef měl sny, které formovaly povolání a účel jeho života.[272] Významu povolání jsme se dotkli v části M1-4 *Jasná vize*. Povolání a vize jdou ruku v ruce. To je důležité, máme-li dobře běžet svůj běh.[273]

» Jan Křtitel sloužil s pevným přesvědčením o Božím povolání pro svůj život.[274] Byl si naprosto jist úkolem, který dostal, a očividně vystupoval na veřejnosti s vůlí sloužit.

» Pavlovo setkání s Ježíšem u Damašku bylo dramatické a navždy změnilo jeho život.[275] O tomto setkání se pak v životě zmiňuje hned několikrát.[276] Tato zkušenost pro něj byla tak zásadní, že ho dokonce vedla k tomu, že začal vykládat biblická proroctví způsobem, jakým to nikdo předtím nedělal.[277] Věděl, že jednoho dne bude stát před králi a vládci, a na všechno, co se mu stalo, se díval ve světle svého setkání s Ježíšem. Když byl na cestě do Říma, po mnoha dnech v bouři s přesvědčením kázal a povzbuzoval ty, s nimiž se plavil.[278]

Povolání lze prožívat různými způsoby. Důležité není to, jak povolání prožijeme, ale co v nás vytváří. Někteří pociťují intenzivní emoce doprovázené vizemi a zjeveními, jako když Bůh povolal proroka Izajáše.[279] Jiní přijímají hluboký pokoj a přesvědčení, které po zbytek jejich života řídí jejich volby a rozhodování. To, co mají lidé, kteří prožili Boží povolání, společné, je touha žít s Ježíšem Kristem jako svým Pánem a s Bohem daným posláním, jež jim po zbytek života udává směr. Do jejich osobního slovníku již nepatří výrazy jako seberealizace, konzumní mentalita či soustředění se na vlastní práva.

M4-3-2-1 Co to znamená být povolán Bohem?

Být povolán Bohem znamená především to, že víme, kým jsme ve světle toho, co pro nás vykonal Kristus.[280] Už to není otázka samospravedlnosti a soustředění se na sebe, ale prožívání Boží milosti a moci, která nám umožňuje vidět se ve správném světle. Prožíváme Boží bezpodmínečnou lásku, která nás vede k fundamentálnímu pocitu Boží přítomnosti v našem životě a která je doprovázena Božím přijetím, bezpečím a odpuštěním. Naší vnitřní motivací není soustředěnost na sebe ani potřeba pozornosti, přijetí a moci. Přestáváme využívat jiné lidi pro

[271] Filipským 3,13-14
[272] Genesis 37,5-9
[273] MacDonald, Gordon. Tamtéž, s. 41.
[274] Jan 3,22-30
[275] Srov. Skutky 9
[276] Srov. Skutky 22,6-16 a Skutky 26,12-20.
[277] Skutky 21,10-14
[278] Skutky 27,21
[279] Izajáš 6,1 a násl.
[280] Efezským 1,3-6

osobní zisk. Místo toho se stáváme součástí Božího plánu a jsme motivováni naším cílem: postarat se o to, aby se každý člověk v naší péči stal silným a zralým v Kristu.[281] Rodíme se mocí shůry, mocí Boží. Bible nám opakovaně ukazuje, že Bůh si používá obyčejné lidi. Není to jen objektivní pravda, ale prostřednictvím Božího povolání se stává prožívanou realitou. To nám umožňuje překročit vlastní negativní zkušenosti a minulost, názory jiných lidí na nás a okolnosti, v nichž se ocitáme. Rozhodli jsme se věřit, že můžeme opravdu věci změnit. Přijímáme biblické sebepochopení, o které nás nemůže připravit ani restriktivní očekávání druhých, ani naše povýšenost a pýcha.

Za druhé, stáváme se *správci*.[282] Správce nic sám nevlastní, ale spravuje něco pro někoho jiného. Myšlenka, že jsme správci, je samotným jádrem existence Kristova učedníka. Ježíš sám o tom několikrát učil.[283] Správcovství odsouvá z centra naše já a místo toho zaměřuje pozornost na Ježíše a jeho poslání. Je to v naprostém protikladu s individualismem naší kultury. Toto chápání je obzvláště důležité, když pracujeme s dnešní generací. Pavel si intenzivně uvědomoval skutečnost, že je správcem, i potřebu reprodukovat správcovství u jiných lidí, jak to zdůrazňuje v dopisech Timoteovi a Titovi.[284] Rozvíjet v další generaci pocit zodpovědnosti a vědomí cíle představuje pro řadu lidí výzvu, ale staneme-li se sami vzorem myšlenky správcovství, bude tento úkol snazší.

Za třetí, Boží povolání pomáhá člověku porozumět jeho účelu a místu v Božích plánech. Jan Křtitel se zaradoval, když pozornost, které se od lidí dostávalo jemu, přešla na Ježíše.[285] Nikdy nesmíme druhým překážet v tom, aby viděli Ježíše. To vyžaduje, abychom byli flexibilní a ochotní přijmout změnu své role i práce v týmu, v úkolech, které děláme, i podmínek, v nichž pracujeme. Prioritou jsou Ježíšova sláva a jeho poslání, nic jiného. Vědomí našeho povolání nám umožňuje radovat se z růstu Božího království, i kdyby se naše role časem změnila. To je typickým znakem Pavlovy apoštolské práce[286] a musí to charakterizovat práci průkopníků a zakladatelů sborů i dnes.[287]

Za čtvrté, vyžaduje to pevné rozhodnutí k životu bez kompromisů. Jan prohlásil, že Ježíš musí růst a on se musí zmenšovat.[288] Ježíš řekl, že na sebe musíme vzít svůj kříž a následovat ho – pověděl to bezprostředně poté, co potvrdil Boží povolání pro Petrův život.[289] To naznačuje, že musíme trpět a obětovat se s pokojem a radostí, protože jsme se setkali se vzkříšeným Ježíšem, který nám pomáhá vidět věci z perspektivy věčnosti.[290] Podstatou povolání je dlouhodobá, která nás chrání před tím, aby naše plány určovaly okamžité a naléhavé věci.

---

[281] Koloským 1,28

[282] 1. Korintským 4,1-5; Efezským 3,2

[283] Matouš 25,18 a násl.; Lukáš 16,1 a násl.

[284] Srov. 1. Timoteovi 2,2

[285] Jan 3,29

[286] Skutky 13,1-3

[287] Ott, Craig a Wilson, Gene: *Global Church Planting, Biblical Principles and Best Practices for Multiplication*. Grand Rapids: Baker Academic 2011, s. 95.

[288] Jan 3,30

[289] Matouš 16,24-26

[290] Židům 12,1-2; Skutky 7,55

M4-3-3 Management času

Naše společnost je plná rychlých změn, svobody rozhodování a přístupu k obrovským objemům informací. To, co přitom častokrát obětujeme, je dlouhodobé plánování, kontinuita a závazek.[291] Povolání nás udržuje ve správném směru, když se v životě rozhodujeme. Téměř každé naše rozhodnutí bude mít dopad na čas, který máme k dispozici.

M4-3-3-1 Co se stane, když nejsme pány svého času?

Čas je zdroj, s nímž musíme hospodařit. Mnoho lidí v naší části světa vnímá čas jako komoditu, která je ještě cennější než peníze. Časové investice a úspory je třeba plánovat stejným způsobem, jako plánujeme nakládání s penězi.[292] Když si neuděláme čas na to, abychom spravovali svůj čas, povede to k důsledkům, které spoustě lidí způsobí frustraci a budou nám bránit v dosažení toho, k čemu nás Bůh povolal.

Gordon MacDonald píše o „zákonech nezkroceného času", které se přirozeně objevují, když čas správně neřídíme:[293]

a. Nezkrocený čas plyne směrem k našim slabostem a plýtváme časem tím, že děláme věci, v nichž zdaleka nevynikáme. Například můžeme plýtvat spoustu času administrativní prací, protože k ní nemáme obdarování.

b. Nezkrocený čas postupně podléhá vlivu dominantních lidí v našem okolí. Je snadné podřídit se plánům jiného člověka, pokud nemáme žádné vlastní plány.

c. Nezkrocený čas se podřizuje požadavkům všech nepředvídaných okolností. V dnešní digitální společnosti je snadné mrhat časem na čtení emailů nebo na Facebook, protože tyto věci si žádají naši okamžitou pozornost. Najednou se může stát, že nám čas uteče, aniž bychom udělali cokoli důležitého.

d. Nezkrocený čas bývá investován do věcí, které si získávají veřejné uznání. Dlouhodobé plánování nám umožňuje udržet si směr k nejdůležitějším cílům a projektům. V neplánovaném čase můžeme podlehnout pokušení využívat své dary a schopnosti k tomu, abychom udělali dojem, místo abychom dosáhli věcí, které mají skutečnou hodnotu.

[291] Covey, Stephen R.: *The Seven Habits of Highly Effective People*. New York: Freepress 1989, s. 150 a násl. Česky: *Sedm návyků skutečně efektivních lidí*. Praha: Management Press, 2011.

[292] Efezským 5,15-17

[293] MacDonald, Gordon: *Ordering Your Private World*. Nashville: Thomas Nelson Publishing; 1995, s. 74. Česky: *Uspořádej svůj svět*. Praha: Návrat domů, 2003, s. 75-80.

[294] Lukáš 19,10

[295] Breen, Mike a Cockram, Steven: *Building a Discipling Culture*. Pawleys Island, South Carolina: 3DM, 2011.

[296] Genesis 2,2; Židům 4,10

[297] Exodus 16,23; Genesis 2,2; Matouš 11,28; 26,45

[298] Izajáš 28,12; Žalm 23,2; Matouš 11,28-30; Židům 3,11 a násl.

Ježíš si byl vědom svého povolání a úkolu.[294] Stanovil hranice a měl svůj čas pod kontrolou. Když začal veřejně působit, bylo mu třicet let, žil životem modlitby a často odcházel od davů, aby mohl vyučovat svých dvanáct učedníků.

M4-3-3-2 Rovnováha mezi aktivitou a odpočinkem

Skloubit aktivitu s odpočinkem je vždycky výzva. Mike Breen o tom mluví v jednom ze svých pojednání o „podobách života".[295] Mezi odpočinkem a aktivitou, bezpečím a rizikem, osamělostí a společenstvím, přicházením a odcházením, sluncem a deštěm existuje kontinuální rovnováha. Všechno má svůj čas. Bůh odpočinul – ne proto, že by to potřeboval, ale protože v přírodě vytvořil jistý rytmus, který demonstroval při stvoření.[296] Musíme odpočívat jak tělesně, tak duševně. Žijeme v materialistickém světě: máme více volného času, a přesto i více stresu než kdy dříve. Všímáme si rostoucího sklonu k workoholismu, zatímco se mnoho mladých lidí k smrti nudí. Den odpočinku není luxus, ale nezbytná složka růstu a rozvoje. Mnozí lidé nahrazují den odpočinku nečinností a zábavou. Je to, jako kdybyste dali bonbón hladovému dítěti – výsledky takového činu rodiče velmi dobře znají.[297] Potřebujeme odpočinek, abychom si „restartovali systém". Den odpočinku má být dnem, kdy uděláme krok zpět a podíváme se s uspokojením na svůj život a práci, abychom získali Boží pohled na to, co děláme. Den odpočinku dává smysl práci, kterou děláme, a připomíná nám, komu opravdu sloužíme a patříme. Díky opravdovému odpočinku dokážeme vidět svou práci ze správné perspektivy a můžeme hledat Boží vedení pro pracovní dny.[298] Nedostatek odpočinku vytváří neklid, který se může stát překážkou pro Boží království. Odpočinek potřebujeme také proto, abychom si zachovali základní životní hodnoty. Když se tempo života příliš zrychlí, je čím dál tím snazší přistoupit na kompromis ohledně hodnot, které zastáváme. Víme, co je správné, ale je čím dál tím těžší si neustále udržovat prioritní ty věci, které pro nás znamenají nejvíce. Všimli jste si toho ve svém vlastním životě? Nemohlo by to souviset s tím, že váš život není v rovnováze nebo že jste si neudělali čas na den odpočinku?

M4-3-3-3 Jak čas využívat správně

Je důležité naučit se využívat čas způsobem, který pro vás bude nejlepší:

a. Prozkoumejte a uznejte svůj vlastní rytmus a efektivitu. Všichni máme svůj vlastní biologický rytmus, ve kterém pracujeme nejefektivněji. Náš biologický rytmus zahrnuje potřebu spánku, odpočinku a relaxace, a to v rámci dne, týdne i ročního období. Potřeba odpočinku se v různých fázích života mění a zvlášť si toho všimneme, když se staneme rodiči nebo až zestárneme. Je důležité pamatovat na potřebu fyzického i duchovního odpočinku a najít rytmus, který vám vyhovuje.

b. Musíme se naučit říct „ne" dobrým věcem, abychom mohli říct „ano" tomu nejlepšímu. To si vyžaduje strategické myšlení a stanovování priorit. Konkrétně jsme o tom mluvili v části M2-1 *Průkopnická práce a zóny pohodlí*. Viz také tabulku pro nakládání s časem Stephena R. Coveyho.[299]

c. Plánujte dlouhodobě, abyste mohli vykonat a dokončit více věcí. To znamená, že si stanovíte dlouhodobé cíle a k nim pak roční, měsíční a týdenní plány, které vám pomohou těchto cílů dosáhnout. Začněte těmi nejdůležitějšími věcmi (například časem s Bohem a rodinou, snahou oslovit okolí), abyste zajistili, že váš rozvrh neovládnou méně důležité záležitosti.

d. Stanovte si sami pro sebe osobní cíle. Práce s osobními cíli je náročná, ale extrémně produktivní. Cíle musí být dlouhodobé a realistické, a přitom musí obsahovat něco, co je zatím za hranicí vašeho dosahu a k čemu můžete směřovat. Cíle musí v sobě mít časový prvek, aby se dalo sledovat, zda pokračujete dle harmonogramu. Cíle musí také být dostatečně konkrétní, aby byly měřitelné.

Je důležité mít někoho, kdo nám může v tomto procesu stát po boku a sledovat, jak se nám daří. Většina z nás se snaží dosáhnout řady cílů najednou, ale pokud budeme mít příliš mnoho cílů, mohou nás brzy zcela zavalit. Často stačí pět až sedm cílů a každý z nich by měl pokrývat konkrétní aspekt našeho života ve vztahu k rolím, které máme (manžel/manželka, rodič, zakladatel sboru, vedoucí, koordinátor atd.). Práce s osobními cíli je dovednost, které se dá naučit. Do procesu stanovování cílů zahrňte také zakládání sborů, aby se nám tato práce někam nevytratila. Musíme si dávat pozor na to, aby se nám do cesty k dosažení našich cílů nepostavil strach ze selhání, zklamání, lenost nebo nedostatek disciplíny.[300]

V průběhu týdne nás mohou bombardovat všemožné rušivé dojmy, které si žádají naši pozornost a soustředění. Den odpočinku je příležitostí překalibrovat svého ducha ve vztahu k tomu, co je nejdůležitější, co je potřeba stanovit jako prioritu a co je nejlepší. Jak často se ohlížíme zpět a litujeme toho, jak jsme trávili

[299] Covey, Stephen R.: Tamtéž, s. 150.

[300] Donders, Paul Christian: *Creative Life Planning: Discover your calling, develop your potential.* Kristiansand. Norway: Sidevedside, 2007.

[301] 1. Korintským 9,25-26
[302] Matouš 22,37
[303] Přísloví 25,2
[304] Římanům 14,17
[305] Žalm 19,2

čas? Čas, který jsme promarnili, místo abychom ho strávili s Bohem, rodinou či lidmi, jimž sloužíme, nelze získat zpět. Přeji nám, abychom si dokázali stanovit priority a žít podle nich.

M4-3-4 Získat moudrost a vědění

Pokud chceme dokončit běh a starat se o sebe, musíme se zavázat k životu neustálého učení se a rozvoje.

> Každý závodník se podrobuje všestranné kázni. Oni to podstupují pro pomíjitelný věnec, my však pro věnec nepomíjitelný. Já tedy běžím ne jako bez cíle; bojuji ne tak, jako bych dával rány do prázdna.[301]

Král králů každému z nás svěřil úkol, který máme splnit. Bez tvrdé práce nikdy nedokážeme dosáhnout cíle, nehledě na to, jak dobré jsou naše schopnosti. Úspěch, který se dostaví příliš brzy, nás může svést k tomu, že podceníme úsilí a námahu, jež jsou k zvládnutí důležitých projektů nezbytné. Dokončení důležitých úkolů prakticky vždy vyžaduje mnohem více než jen talent. Je zapotřebí vytrvalost, aby bylo možné práci realizovat. Proto potřebujeme nejen rozvíjet své dary a schopnosti, ale také růst ve vytrvalosti.

Zlepšíme-li se v tom, jak přemýšlíme a analyzujeme, můžeme tím zvýšit svou mentální kapacitu. Ježíš řekl, že máme milovat Boha celým svým srdcem, celou svou duší a *celou svou myslí.*[302] „Sláva Boží je věc ukrýt, sláva králů je věc prozkoumat."[303] To vyžaduje jistou zvídavost, touhu učit se, rozumět a chápat věci v širších souvislostech. Zvýšená mentální kapacita však nemá znamenat menší závislost na Bohu. Bůh chce, abychom používali mozek, který nám dal, a zkoumali svět, jejž stvořil. Braňme se tomu, aby se z nás stali „gaučoví křesťané" – pasivní konzumenti čehokoli, co nám předhodí zábavní průmysl. Jinak dopadneme tak, že budeme mrhat drahocenným časem na hromadu věcí, které nám nepřinášejí nic hodnotného. Mnohem lepší alternativou je aktivní účast na rozšiřování Božího království ve spravedlnosti, pokoji a radosti.[304] Musíme se též naučit myslet „křesťanštějším" způsobem – vidět Boží velikost v přírodě[305] i v Božím slově. Potřebujeme cvičit svou mysl, abychom dokázali používat dary a schopnosti, které nám Bůh dal ke službě lidem a společnosti. Vyhněte se přitom vytváření zbytečného napětí mezi viditelným a neviditelným světem, mezi světem přirozeným a nadpřirozeným a mezi tím, co je možné zkoumat a analyzovat, a tím, co nám Bůh sděluje formou zjevení. Bůh při každém našem setkání s ním touží rozšiřovat naše chápání světa prostřednictvím zjevení, abychom dokázali přemýšlet o jeho království a světě kolem sebe v širších souvislostech.

[306] Přísloví 2,1-11; 1. Korintským 9,26-27

Své myšlení můžeme rozvíjet a svou mentální kapacitu rozšiřovat následujícími způsoby:

a. Naslouchejte jiným lidem a klaďte dobré otázky. Můžeme se dozvědět, co se dotýká dalších lidí a co je motivuje, dokonce i když jejich zájmy leží mimo náš vlastní okruh. Jedním z problémů v dnešní době přesycené informacemi je to, že máme sklony vyhledávat na webu jen oblasti svých vlastních zájmů, místo abychom se snažili získat širší bázi znalostí. Široká báze znalostí nám umožňuje komunikovat se spoustou různých lidí a poskytuje nám přístup do jejich života, abychom s nimi mohli navázat hlubší vztah.

b. Navštěvujte lidi tam, kde žijí a pracují, abyste mohli pochopit jejich svět, jejich životní příběh a to, co je pro ně důležité. Cestování do různých částí světa nám pomáhá lépe pochopit kulturu a světový názor lidí i to, jaký vliv mají na jejich způsob myšlení a jednání.

c. Buďte ochotní se celý život učit. Je fantastické setkat se s osmdesátníky, kteří pořád s velkým zájmem čtou Bibli a další knihy a zapojují se do životů ostatních lidí. Celý život musíme číst a studovat, což nám pomůže uchovat si nadšení pro život učedníka a pravděpodobně to prospěje i našim manželům či manželkám.[306]

d. Naslouchejte kritikům. Když se setkáme s kritikou, máme sklony cítit se ohrožení a bránit se. Máme-li čelit kritice, je důležité být pokorní před Bohem a hlídat si emoce a reakce. Naše první reakce nemusí být tak zbožná, jak by si Kristus přál. V konečném důsledku všem prospěje, když se od svých kritiků budeme snažit něčemu naučit, místo abychom se bránili. Kdosi řekl: *„Snažte se nejdříve pochopit a teprve pak být pochopeni."* Můžeme se naučit vstoupit se svými kritiky v rozhovor a učit se od nich. Existuje mnoho dobrých zdrojů, které nám mohou pomoci naučit se aktivně naslouchat. Aktivní naslouchání znamená naslouchat celému člověku, tj. tónu jeho hlasu, slovům a jazyku těla. Nicméně i v případě dobrých dovedností v oblasti naslouchání si musíme udělat

[307] Marek 4,28

[308] Marek 1,35; Lukáš 5,16 a 6,12

[309] Jan 7,37-38

[310] Jan 5,19.30 a 6,38

čas na analýzu situace, než na ni zareagujeme, a dát si pozor na svůj sklon soudit jiné přísněji, než soudíme sebe.

M4-3-5 Duchovní síla

Když Ježíš mluvil o duchovním růstu, používal slova jako *zahradník*, *vinař* a *rolník*. Nedělal to jen proto, že žil v zemědělské kultuře. V těchto prostých pojmech se skrývají věčné pravdy o setbě a žni, pěstování a přípravě půdy a realizaci potenciálu, který je vrozený všemu živému. Ježíš o tom mluví ve svých podobenstvích o Božím království. Říká: „Země sama od sebe plodí nejprve stéblo, potom klas a nakonec zralé obilí v klasu."[307] V celém stvoření je obsažena schopnost, aby vše, co žije, mohlo za správných podmínek růst. Jsme v mnoha ohledech zahradníky vlastního života. Musíme se učit kultivovat to, co je dobré, a „plít" to, co dobré není. Je to nepřetržitý a nikdy nekončící proces pro každého z nás.

M4-3-5-1 Rozvíjení duchovní síly

Kříž, symbol křesťanské víry, tvoří dva trámy, jeden vertikální a jeden horizontální, přičemž ten vertikální je nejsilnější a nejpevnější. Vertikální trám představuje náš vztah s Bohem a horizontální trám náš vztah s jinými lidmi. Kříž nám říká, že náš vztah s Bohem je tím nejdůležitějším vztahem v našem životě a že z něj čerpáme sílu k tomu, abychom s ostatními jednali tak, jak si to Bůh přeje a jak nás to učil Kristus.

Klíčem k rozvoji duchovní síly je to, že trávíme čas o samotě v Boží přítomnosti, kde nalézáme ticho, pokoj, sílu a jasno ve věcech. Ježíše neustále vyhledávaly obrovské skupiny lidí se svými žádostmi a prosbami. Bez ohledu na to, o jaké potřeby šlo, si Ježíš vždy našel čas, aby byl o samotě s Otcem.[308] Musíme si najít svůj vlastní způsob, jak dělat totéž. Ježíš odcházel na horu; někteří lidé dávají přednost konkrétní místnosti nebo denní době. Ať už si zvolíte cokoli, jde o to, abychom si našli čas na soustředění, rozjímání, čtení Božího slova a modlitbu.

Klíčem k životu následování Ježíše je rozvíjet vnitřní sílu a jasnou vizi, která odolá tlakům světa kolem nás. Bůh si přeje, abychom žili životem, který je řízen zevnitř,[309] ne abychom se přizpůsobovali tlakům vnějších sil a pouze reagovali na všechny protichůdné požadavky, které vysávají naši energii nebo snižují naši efektivitu. Ježíš nedovolil, aby ho ovládaly vnější síly, ačkoli na něj byly kladeny velké požadavky. Měl poslání od Boha a to ho vedlo ve všem, co dělal.[310] Jako zakladatelé sboru se setkáte s podobnými problémy. „Dobré" je v průkopnické práci prakticky vždy nejhorším nepřítelem „nejlepšího".

Jedním ze způsobů, jak se proti tomu bránit, je věnovat čas čtení Božího slova. Musíte se také učit naslouchat mu. Pište si poznámky, když k vám Boží slovo nějak promluví nebo vás nějak vede. Přemýšlejte o tom, co čtete. Spíše se snažte Boží slovo co nejrychleji poslechnout, než abyste usilovali o větší poznání. Přirozenou součástí času, který trávíme u Božího slova, je modlitba, přímluva a uctívání.

Mnoha lidem připadá čas modlitby a uctívání o samotě poněkud náročný. Možná se to zpočátku zdá nepřirozené, takže je potřeba vytrvalost. Překážkou pro modlitbu a uctívání může být také nevyznaný hřích, který vytváří pocit viny a ochabnutí duchovního hladu. Když se nám zdá, že naše srdce chladne, musíme to vidět jako varovné znamení, že se příliš soustřeďujeme na aktivitu a modlitbu považujeme za pasivní nebo zbytečnou. Ve společnosti orientované na hmotný svět může hmatatelný výsledek v podobě čerstvě vymalované stěny zvítězit nad časem věnovaným modlitbě, uctívání a čtení Božího slova.

Modlitbou přiznáváme svou slabost a závislost na Bohu. Proto je modlitba často spojena s duchovním bojem, zvláště když o ni usilujeme v manželství nebo rodině. Bitva o duchovní život rodiny zakladatele sboru je důležitá, protože silná a milující rodina představuje vydatnou podporu. Přejít od *touhy* po hlubším duchovním životě k tomu, abychom ho opravdu žili, nemusí být snadné, ale často to hodně souvisí s tím, co si myslíme o modlitbě. Někdy je těžké vidět souvislosti mezi modlitbou a konkrétními výsledky. Občas bychom byli raději, kdyby Bůh požehnal našemu programu, místo abychom si přáli být mu k dispozici a uskutečnit ten jeho.

Všichni zakladatelé sborů a vedoucí mohou prožívat prázdnotu a únavu. Pokud vám chybí motivace a soustředění, jste podrážděni, roste ve vás pocit osamělosti, vašemu manželství chybí jiskra a častěji vás bolí hlava, mohou to být známky toho, že ze sebe více vydáváte, než přijímáte, a potřebujete více odpočívat.[311] V další části najdete několik praktických rad, jak se vyhnout vyhoření. Některé z nich jsme probírali už v části M3 – Multiplikace.

M4-3-5-2 Praktické rady pro rozvoj duchovní síly
Buďte vděční. Vděčnost je dobrý způsob, jak se přiblížit k Bohu, a dává nám větší víru a pokoj. Díkůvzdání, chvála a uctívání mění náš úhel pohledu.[312] První

[311] Cordeiro, Wayne. *Leading on Empty*. Bloomington, MN: Bethany House, 2009, s. 60-67.

[312] Žalm 100

hřích, k němuž došlo v zahradě Eden, začal nevděkem. Adam a Eva ztratili ze zřetele všechny dobré věci, které jim Bůh dal, a místo toho se soustředili na tu jedinou věc, kterou mít nemohli.[313] Existují dvě věci, které Bůh dělá jen zřídka: *nic* a *všechno*. Za normálních okolností dělá *něco*. Když Izraelci putovali poušti sem a tam mezi Kenaanem a zemí zaslíbenou, zapomněli se dívat na divy, které pro ně Bůh každý den dělal. I my můžeme občas čelit stejnému problému. Naučíme-li se děkovat Bohu v dobrých dnech, pomůže nám to být mu vděční v těch těžkých.[314] Schopnost vytrvat a dokončit závod narůstá, když jdeme každému dni vstříc s vděčností.[315]

Odpouštějte rychle. Bůh je světlo. Když se s ním setkáváme, dáváme mu právo zkoumat náš život. Bůh si přeje, abychom vyznávali hříchy, činili pokání a žili v dané věci ve světle. Můžeme se učit od Pavla: „Jen to mohu říci: zapomínaje na to, co je za mnou, upřen k tomu, co je přede mnou..."[316] Pavel se k problémům stavěl s upřímností a pokorou a chtěl jít dál prostřednictvím pokání. Tento druh sebehodnocení chrání naše srdce a duchovní život. Bible pro ilustraci používá obraz svlékání starého a oblékání nového.[317] Je naší povinností žít ve víře a s čistým svědomím.[318] To ovšem vyžaduje, abychom přijali zodpovědnost za svůj život a každý den začínali s upřímností před Bohem. Zvláště důležité to je, když úzce spolupracujeme s jinými lidmi,[319] protože budou ovlivněni našimi činy a postoji.

Neustále se modlete. Důležitým každodenním aspektem našeho života jako kazatelů evangelia je přímluva.[320] Bible nás nabádá, abychom byli v modlitbě vytrvalí[321] a prosili Boha, aby jednal v životech lidí i v těžkých situacích. Sílu své víry můžeme do jisté míry měřit tím, jak vytrvalí jsme v přímluvách za jiné lidi. Když říkáme druhým, jak Bůh odpověděl na naše modlitby, pomáhá nám to uvědomit si sílu modlitby. Budeme také povzbuzeni, když uvidíme ovoce modlitby v životech lidí kolem nás.

Čtěte Bibli. Dobrou pomůckou k tomu, abychom se soustředili na Boží záměry, je plán čtení Bible, který nám zároveň pomáhá vidět skutečný obrázek sebe samých. Jsme sami k sobě poctiví v otázce svého závazku číst a studovat Boží slovo? Jakmile z něho začneme čerpat, budeme chtít trávit nad Biblí více času. Čím víc se učíme a čím více rosteme, tím více se bude rozvíjet náš charakter a vytrvalost v životě.

---

[313] Genesis 2,16

[314] 1. Tesalonickým 5,16-18

[315] MacDonald, Gordon: *A Resilient Life*. Nashville, Tennessee: Thomas Nelson Publishers, 2004, s. 131.

[316] Filipským 3,13

[317] 1. Janův 1,9; Koloským 3,5-11

[318] 1. Timoteovi 1,9; 3,19

[319] Viz například Pavlovo učení v Římanům 13,8-15,13.

[320] 1. Timoteovi 2,1-3

[321] Lukáš 18,1-8

M4-3-6 Připraveni na dlouhý běh

Zakládání sborů je dlouhodobé povolání. Chceme-li vidět hnutí sborů, které zakládají nové sbory, bude to z naší strany vyžadovat závazek, soustředění a osobní růst, a to ve větší míře než v případě čehokoli jiného, co jsme kdy dělali. Povolal vás Bůh k tomu, abyste zakládali sbory? Pokud ano, věříme, že tyto oblasti jsou důležité a že je třeba se v nich rozvíjet, abyste mohli své povolání realizovat. Vedení sebe samých spočívá v tom, že řídíte a zvládáte svůj vlastní život. Abyste mohli při zakládání sborů uspět, chce to velkou dávku disciplíny a závazku. Øivind Augland se bude těmto otázkám věnovat detailněji v poslední části série M4, M4-4 *Abyste mohli dokončit běh, musíte vést sami sebe.*

M4-4

ABYSTE MOHLI DOKONČIT BĚH, MUSÍTE VÉST SAMI SEBE – ØIVIND AUGLAND

[322] Skutky 20,28

[323] Efezským 6,6; viz také Ježíšovo kázání na hoře v Matoušovi 6 a násl.

[324] Koloským 3,23

M4-4-1 Úvod

Jak jsme viděli výše, nemáte žádné záruky, že dokončíte běh, který jste zahájili. Příliš mnoho lidí se v určitém bodě zastaví nebo sejde z cesty. Naší touhou je, abyste dokončili to, co jste začali, a byli prostředníky změny, kteří se podílejí na realizaci Božího plánu spasení v našem světě. Terje Dahle zmínil řadu oblastí, které je důležité brát v úvahu: musíte být zakotveni v Božím povolání, hlídat si to, jak využíváte čas, a přitom se mentálně a duchovně budovat. Váš rozvoj jako vedoucího se neodehraje sám od sebe, ale pouze díky tomu, že převezmete zodpovědnost za svůj život.

Většina toho, co jsme napsali výše, se týká vedení a řízení vlastního života. Není to důležité jen proto, že jste vzorem a výrazně ovlivňujete kulturu sboru, ale i *pro vás*, abyste mohli růst a rozvíjet se jako Boží děti. Prvním člověkem, kterého neustále vedete, jste vy sami. „Dávejte pozor na sebe i na celé stádo, ve kterém si vás Duch svatý ustanovil za strážce, abyste byli pastýři Boží církve, kterou si Bůh získal krví vlastního Syna."[322] Všechno začíná tím, že „dáváme pozor sami na sebe" – tedy vedením sebe samého. Dlouhodobý úspěch závisí na osobním managementu – na budování charakteru, poznání sebe samého a bázni před Bohem. Běh souvisí s *integritou* – děláme to, co je správné, i když se nikdo nedívá. Integrita se musí neustále odrážet v našem životě. Nemůžeme být těmi, kdo se snaží druhým zalíbit – dělat věci proto, aby si nás lidé vážili.[323] „Cokoli děláte, dělejte upřímně, jako by to nebylo lidem, ale Pánu."[324]

Křesťanské vedení je postaveno předně na vedení sebe samého, protože stojí na hodnotách, podle nichž osobně žijeme. Víra není něco, co se člověk naučí, ale čím se „nakazí". Zdrojem této „nákazy" je náš život. Správné vedení sebe sama je nezbytným předpokladem pro dlouhodobý úspěch v roli vedoucího. Umožňuje nám to zvládnout jak úspěch, tak selhání, aniž bychom podlehli svým slabostem. Na náš charakter nemají až tak velký vliv okolnosti, ale spíše rozhodnutí, která v reakci na tyto okolnosti děláme. Náš život je nejvíce ovlivněn tím, jak na situaci reagujeme, ne tím, jak k situaci došlo. Snažte se soustředit na to, co můžete v dané situaci ovlivnit – ne na to, co ovlivnit nemůžete. Dobří vedoucí vidí své silné a slabé stránky realisticky a učí se je také na cestě ke zralosti přijímat.

M4-4-2 Porozumění sobě a přijetí sebe samého

Být vedoucím znamená „mít schopnost ve velké míře být sám sebou, znát sám sebe a ukazovat, kdo jsem, v dostatečné míře".[325] Vedení je o tom *být sám sebou*. To znamená, že Bohu děkujeme za to, jak nás stvořil, přijmeme to, kým jsme – s dary a schopnostmi, ale i se *slabými stránkami*, které nám Bůh dal. Máme také zodpovědnost za správu a rozvoj potenciálu, jejž do nás vložil.

M4-4-2-1 Milovaní: za to, kým jsme a kým jsme byli

Před časem jsem založil církevní biblickou školu, která každý rok stále otevírá další běhy. První semestr vždycky zahajujeme tématem „Milovaný". Začínáme myšlenkou „Milovaný napříč svým životním příběhem" a procházíme Ježíšův rodokmen.[326] V Ježíšově rodokmenu najdeme lidi, kteří se dopustili cizoložství i vraždy[327] – a Ježíš se za to nestydí. Písmo nás vyzývá, abychom přijali to, kým jsme, s celou svou životní historií a prostředím, a žili smířeni se svou minulostí. Ježíš je „tentýž včera i dnes i na věky".[328] Opakovaně jsem byl svědkem toho, jak Ježíš vstoupil do života člověka a přinesl uzdravení a odpuštění do bolestivé oblasti, která měla kořeny v dávné minulosti, ale člověk ji stále prožíval tak, jako by se stala včera. Lidé mohou být osvobozeni od hlubokých zranění, žít v odpuštění a přijímat uzdravení ve zranění, která jim způsobily vztahy a události z minulosti. Víte, že vás Bůh miluje i s celou vaší životní historií? Setkal jsem se i se zakladateli sborů a vedoucími, kteří mají v životě oblasti, na nichž nikdy nepracovali a které drží v temnotě mimo dosah Božího světla. Kdykoli je zasáhly tlaky a konflikty, tyto ukryté oblasti se vynořily a knokautovaly je. Rozhodli se zůstat ve svých zraněních a hříchu, přestože Bůh chtěl, aby mu tyto oblasti přinesli a on jim mohl dát svou milost a odpuštění. Proto Písmo říká: „Bůh se staví proti pyšným, ale pokorným dává milost."[329] Součástí dobrého vedení vašeho života je být smířen se svou minulostí. V části M1-2 jsme vás požádali, abyste se zamysleli nad několika otázkami, které se týkaly toho, co vás formovalo a jak jste zpracovávali různé fáze svého životního příběhu. Udělali jste si čas na to, abyste si tyto otázky prošli? Rád bych, abyste si položili i následující otázky:

1. Nesu si nějaká zranění či zklamání, která jsem zatím nevyřešil nebo neodpustil? Je někdo, kdo mi ublížil tak, že jsem mu ještě neodpustil?

2. Provinil jsem se tím, že jsem řekl nebo udělal něco, co někoho zranilo, ale nepožádal jsem o odpuštění nebo neusiloval o usmíření?

3. Existují v mé minulosti situace, které zahlcují moje myšlenky?

---

[325] Goffee, Rob a Jones, Gareth: *Why should anybody be led by you? What it takes to be an authentic leader.* Boston: Harvard Business School Press, 2006.

[326] Matouš 1,1-17

[327] Matouš 1,5-6

[328] Židům 13,8

[329] List Jakubův 4,6; Přísloví 3,34

[330] Židům 12,1-2

[331] Donders, Paul Christian: *Natural Abilities.* Distribuováno Xpand Europe. Viz www.xpand.no.

[332] Schwartz, Christian A.: *The 3 Colors of Ministry: A Trinitarian Approach to Identifying and Developing Your Spiritual Gifts.* ChurchSmart Resources, 2001.

[333] Donders Paul Christian: *Creative Life Planning: Discover Your Calling, Develop Your Potential.* Kristiansand, Norsko: Sidevedside, 2007.

[334] Profil osobnosti Persolog: viz www.persolog.no.

Tyto věci se týkají vašeho vnitřního života, vaší duchovní síly a vitality. Jste povoláni k tomu, abyste odhodili „všecku přítěž i hřích, který se nás tak snadno přichytí..."[330] Jak to žijete v praxi? Víte, že jste milováni bez ohledu na to, co se vám v životě přihodilo? Přesto se musíte snažit tyto problémy vyřešit tak, aby to přineslo Bohu slávu.

M4-4-2-2 Osobnost, dary a schopnosti

Je dobré znát sám sebe a přijmout sám sebe s osobností, dary a dovednostmi, které máte. Podle mne existují čtyři důležité věci, které musí vedoucí o sobě pochopit:

1. **Co umím dělat dobře?** Tato otázka se týká vašich duchovních darů, přirozeného nadání a profesionálních dovedností. Pokud se chcete o těchto věcech dozvědět více, můžete si udělat test dovedností[331] nebo test duchovní darů.[332] Může být také dobré podívat se na historii vaší rodiny: V čem byli dobří vaši rodiče a prarodiče? Vidíte něco z těchto dovedností nebo nadání ve svém vlastním životě? Když se podíváte na svou rodinu, možná objevíte „červenou nitku", která vám může pomoci rozpoznat některé z vašich vlastních přirozených darů a motivačních dovedností.[333] Členové týmu mohou také poskytnout ostatním zpětnou vazbu ohledně toho, co vidí, že umí dobře a v čem fungují nejlépe.

2. **Jak dělám to, co dělám?** Tato otázka souvisí s typem vaší osobnosti. Někteří lidé jsou proaktivní a více orientovaní na cíl, jiní zase spíše vnímaví a více orientovaní na proces. Někteří pracují nejlépe s dalšími lidmi kolem sebe, jiní se soustřeďují spíše na projekty nebo úkoly apod. Je důležité, abyste dobře rozuměli tomu, jakým způsobem se vám nejlépe pracuje. Dva lidé mohou mít dar vyučování, ale způsob jejich výuky vypovídá něco o jejich osobnosti. Chcete-li analyzovat své silné a slabé stránky, můžete využít osobní profil chování nebo „profil osobnosti společnosti Persolog"[334] či jiné nástroje. Tyto profily vám o vás neprozradí všechno, ale mohou se stát dobrým výchozím bodem k porozumění tomu, kým jste a jak nejraději pracujete s jinými lidmi.

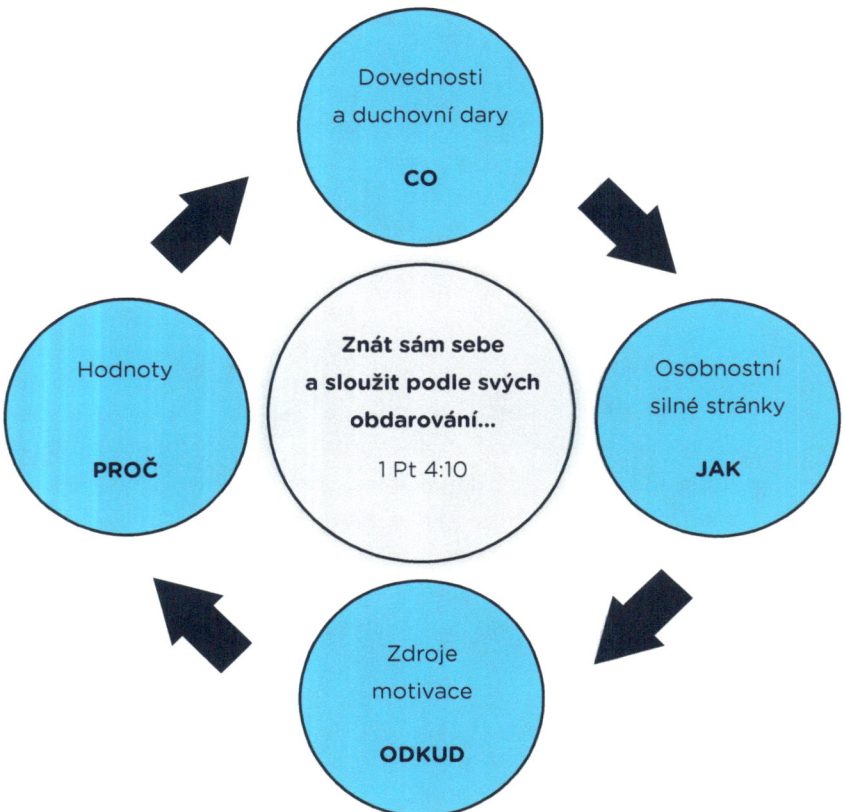

3. **Co mě motivuje k tomu, abych dělal to, co dělám?** Co vás motivuje a co vás demotivuje? Je důležité rozpoznat zdroje vaší motivace. Tímto tématem se zabývá řada nových knih o vedení.[335] Křesťané přitom mají i jiné motivace, které ostatní lidé nemají. Bible popisuje, co by mělo být našimi nejhlubšími motivačními faktory.[336] Máme výsadu sloužit svému Pánu a vidět ovoce, které naše úsilí přináší (jako voják, rolník či sportovec). Zároveň nás Pavel vyzývá, abychom jednali na základě nesobecké motivace, jejímž zdrojem je láska k Ježíši a potřeby ztracených: „A tak všechno snáším pro vyvolené, aby i oni dosáhli spásy v Kristu Ježíši a věčné slávy."[337] Na nejhlubší úrovni je to jen nesobecký závazek vůči Božímu plánu spasení všech lidí, který nás může provést celým procesem zakládání nových sborů. Když se však naší hybnou silou stanou naše osobní ambice, hrozí nebezpečí, že začneme své spolupracovníky nutit k aktivitě pomocí zahanbování, viny a strachu, místo abychom je

[335] Pink, Daniel H.: *Drive: The surprising truth about what motivates us*, New York: Penguin Group 2009. Amiable, Teresa a Kramer, Steven: *The progress principle*, Boston: Harvard Business Review Press 2011.

[336] 2. Timoteovi 2,3–11

[337] 2. Timoteovi 2,10

motivovali láskou a milostí. Musíme neustále přemýšlet o skutečných motivacích pro práci, kterou děláme. Je důležité pochopit, po čem opravdu toužíme. Víte, co vás motivuje? Pokud ne, jak můžete pomáhat jiným rozpoznat, co je jejich motivací pro službu?

4. **Jaké mám hodnoty?** S otázkou motivace je spojena i otázka hodnot a nadšení. Jakým způsobem by se podle vás měly věci dělat? To, jak používáte svůj čas, peníze a zdroje, vypovídá o vašich hodnotách. Hodnoty formují službu tím způsobem, že dva lidé, kteří mají stejný cíl, budou o jeho dosažení usilovat různými způsoby. Hodnoty vyplývají z přesvědčení o tom, jak a proč by se měly věci dělat. Naše hodnoty úzce souvisí s tím, pro co jsme nadšení. O čem jsem hluboce přesvědčen v souvislosti s životem a službou? To jsou důležité otázky, nad nimiž se musíme zamýšlet. Řada z nejlepších vedoucích vzala tyto úvahy vážně a svůj způsob vedení i filozofii služby (jak službu realizují) založila právě na nich. Hodnoty formují jak vedoucí, tak sbory.

Když je vám jasné, kým jste, k čemu vás Bůh stvořil a jaké máte silné a slabé stránky, je pro ostatní v týmu snazší sloužit spolu s vámi pomocí darů a schopností, které mají oni. Nejste nadčlověk – potřebujete další lidi, kteří vás doplňují svými vlastními dary, schopnostmi a jedinečnou osobností. Problém je v tom, že se často začneme srovnávat s ostatními nebo chtít, aby byli jako my. To poškozuje naše společenství s nimi a zároveň to brání lidem využívat to, co jim Bůh dal. Když jsme s Lindou založili první sbor, už od samého začátku jsem týmu vedoucích zcela jasně dával najevo, že pokulhávám v detailní administrativní práci. Protože jsem otevřeně přiznal, v čem jsem slabý, přišla za mnou jedna paní, která byla o patnáct let starší než já, a řekla mi: „Mě tahle práce baví – co kdybych se o to starala já?" Chodila za mnou jednou týdně a dělala všechny ty věci, v nichž jsem já nebyl dobrý. Věřím, že pokud jasně porozumíte oněm čtyřem oblastem, které jsem uvedl výše, bude pro celý váš tým snazší, aby v něm lidé využívali své dary a schopnosti.

M4-4-3 Ochota učit se a sebereflexe

Abyste mohli vést sami sebe, je dobré znát své silné a slabé stránky a rozumět tomu, co vás motivuje a naopak demotivuje. Je také dobré vědět, jak reagujete na konflikty a překážky. Co se děje, když se dostanete pod tlak? Co se stane, když vás druzí obviňují nebo vás zklamou či zraní? Jak vypadá vaše přirozená reakce? „Zdraví vedoucí mají schopnost pozorovat a analyzovat sami sebe. Nejlepší vedoucí jsou vysoce motivovaní k tomu, aby pravidelně věnovali čas sebereflexi."[338] Jsou ochotní se neustále učit od jiných a využívat čas k zamyšlení nad sebou, aby mohli duchovně růst a měnit se. Jestliže vedoucí nedokážou sami sebe řádně vést, nedají si práci se sebezkoumáním nebo jen zřídka mají možnost dostat zpětnou vazbu od lidí kolem sebe, stávají se nebezpečnými.

M4-4-3-1 Ochota učit se

Je důležité pochopit, že církev je složena jako „tělo"[339] a společně sloužíme jako tělo Kristovo. Jsem závislý na ostatních údech těla a ony zase na mně.[340] „Z něho roste celé tělo, pevně spojené klouby navzájem se podpírajícími, a buduje se v lásce podle toho, jak je každé části dáno."[341] Právě tehdy, když pracujeme společně, rosteme jak individuálně, tak kolektivně. Proto je jediným správným postojem v těle Kristově postoj pokorného učení se od druhých. K tomu, abychom fungovali co nejlépe, potřebujeme ostatní. Co je charakteristické pro vedoucí, kteří jsou ochotní se neustále učit od lidí kolem sebe?

» Jsou pokorní a mají odvahu se učit od ostatních. Váží si lidí kolem sebe a jsou inspirací pro druhé v tom, jak být neustále ochoten se učit.

» Jsou to celoživotní studenti, kteří se učí, aby uměli lidi i organizace smysluplně vést.

» Chápou, že ochota učit se je nezbytná pro inovaci a vizionářské myšlení.

» Protože se sami učí, dokážou čelit problémům pozitivním způsobem. V těžkých dobách lidé hledají vedoucí, kteří jsou vstřícní, vnímaví a usilují o nalezení nejlepšího řešení.

» Jsou vděční za lidi kolem sebe a snaží se od nich učit. Dávají jim pozitivní zpětnou vazbu, chválí je a povzbuzují. Lidé pak dělají maximum, sdělují ostatním členům týmu své postřehy a dělí se s nimi o své zdroje. To má na mysli Pavel, když nás vyzývá, abychom se každodenně navzájem povzbuzovali.[342]

To, co se děje kolem nás, ovlivňuje to, co se děje uvnitř nás: prostředí, které jako vedoucí vytvoříte, bude ovlivňovat i vás samotné. Někteří vedoucí se zaseknou a chodí dokola v kruzích, protože nejsou ochotni se učit. Zůstanou sami se svými vlastními omezenými myšlenkami a představami, pohlceni vlastními sny a vní-

[338] Donders, Paul Christian a Huger, John: *Wertvoll oud virksamfüren.* Vier-Türme-Verlag 2011, s. 237.

[339] 1. Korintským 12,13

[340] 1. Korintským 12,12-31

[341] Efezským 4,16

[342] Židům 3:13

máním reality. Jejich osobní růst se zastavil a oni nakonec budou mít problémy s tím, aby je lidé následovali.

M4-4-3-2 Sebereflexe

Chcete-li sami sebe dobře vést, musíte být otevření a ochotní učit se od ostatních. Když koučuji zakladatele sboru, připomínám jim dvě myšlenky. Za prvé se zakladatel sboru musí soustředit na další členy základního týmu. A za druhé se zakladatel sboru musí soustředit na „projekt" – rozvoj samotného úsilí o založení sboru.

1   2   3   4   5   6   7   8   9   10

Osoba   Projekt

Pro proces koučování existují různé modely. Jedním z nich je model skrývající se pod anglickou zkratkou GROW.[343] Další nástroj, který používám, je tzv. *koučovací kruh*, který obsahuje čtyři kroky, jež mohou pomoci zakladateli sboru, aby byl sám sobě koučem:

1. Rozvoj sebeuvědomění
2. Rozvoj vědomí odpovědnosti za svůj život
3. Rozvoj úrovně výkonu
4. Rozvoj sebereflexe

Krok 1: Rozvoj sebeuvědomění. Sebeuvědomění znamená být si vědom toho, co se děje uvnitř mne, se mnou i kolem mne: vztahů, toho, jak využívám své dary a schopnosti, co se děje v mé práci a v situaci, v níž se nyní nalézám, jak mne ovlivňuje moje okolí atd. Než se zapojíme do jakéhokoli programu školení k zakládání sborů, musíme mít určitou představu o sobě samých. V jakých oblastech jsem slabý? V jakých oblastech jsem silný? Všichni potřebujeme někoho, kdo nám může v tomto procesu pomoci tím, že nám bude klást relevantní otázky. Je důležité si klást otázky týkající se zakladatele sboru jako osoby i otázky ohledně vlastního procesu zakládání sboru.

Krok 2: Rozvoj vědomí odpovědnosti za svůj život. Rozvoj vědomí osobní zodpovědnosti za vlastní život stojí za námahu. Můžeme vědět

---

[343] GROW je jednoduchý nástroj, který se používá v koučování. Písmena zkratky GROW znamenají: GOAL – cíl, což má být vyjádřením vize a účelu toho, proč člověk pracuje; REALITIES – realita, objektivní vyhodnocení stávající situace; OPTIONS – varianty, různé strategie pro to, jak se dostat ze stávající situace k žádoucímu cíli; WILL – vůle, rozhodnutí, která zakladatel sboru učiní (a za něž bude vykazatelný) ve světle konečného cíle, reality, v níž pracuje, a možných variant. Model pochází z knihy Johna Withmorea: *Coaching for Performance*, 3. vyd., Nicholas Brealey Publishing 2002. Od té doby byl model využit v mnoha různých kontextech; viz Nicholson, Steve a Bailey, Jeff: *Coaching Church Planters – A Manual for Church Planters and Those Who Coach Them*, Vineyard Resources 2001. Další příklady toho, jak se model používal a používá, najdete v těchto knihách: Ogne, Steve a Roehl, Tim: *TransforMissional Coaching*, B&H Publishing Group 2008, s. 101-121. Wilson, Scott: *Training Tomorrow´s Leaders*, Aponet 2002, s. 77-86.

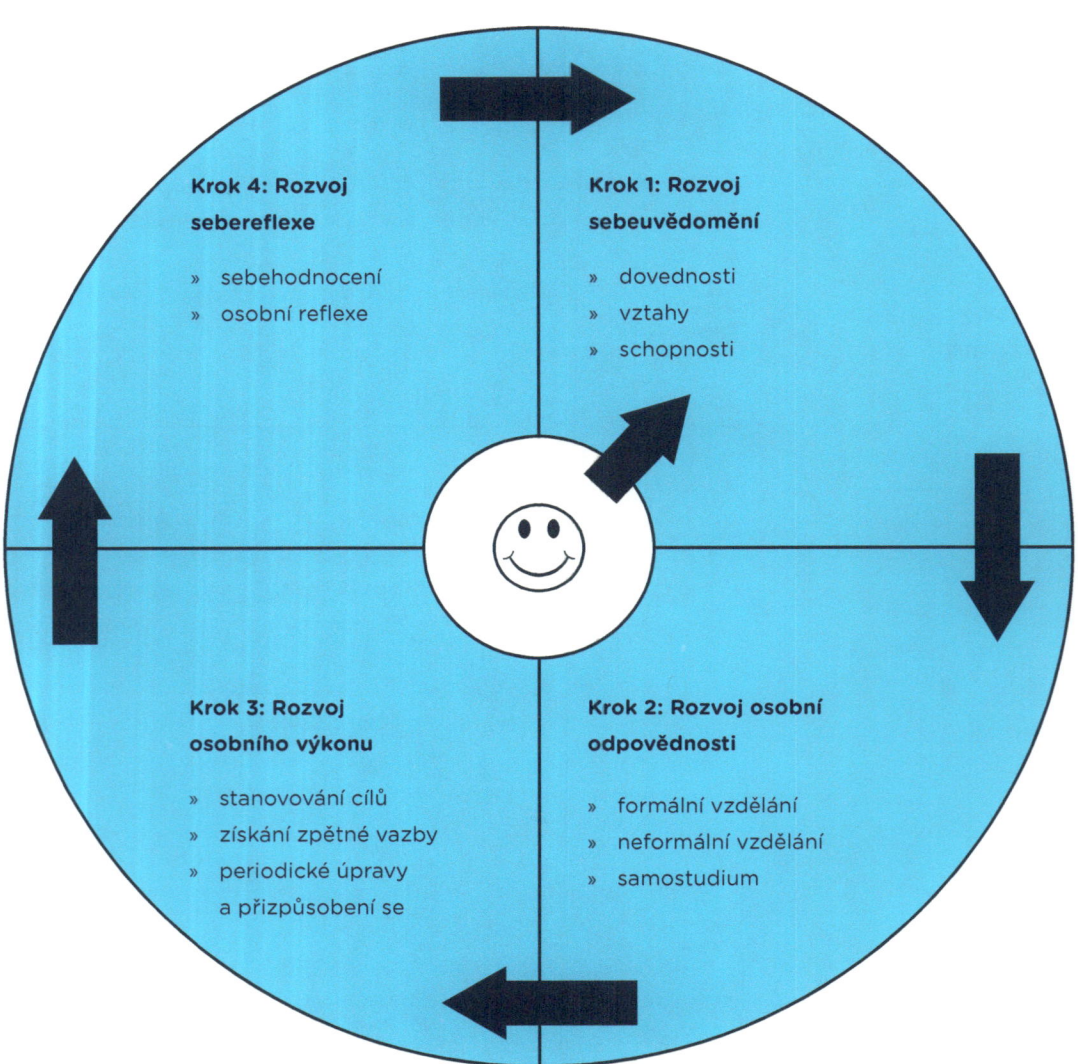

o svých silných a slabých stránkách, aniž bychom s nimi něco udělali. Můžeme zcela jasně chápat své cíle a sny, aniž bychom věnovali jakékoli úsilí jejich dosažení. Máme-li silnější pocit osobní zodpovědnosti, pak víme, kdo jsme a čeho chceme v životě dosáhnout. Dobrý kouč nás povzbuzuje, abychom přijali zodpovědnost za vlastní růst a vytvořili si konkrétní program osobního rozvoje. Tento program může obsahovat formální i neformální školení, osobní studium

[344] 1. Janův 1,7

a rozhovory s lidmi, kteří nám mohou pomoci v růstu. V krocích 2 a 3 můžete využít tzv. model GROW. Pokud se zabýváme procesem zakládání sboru, je důležité klást otázky, jež objasní, kdo v týmu má zodpovědnost za které úkoly a co je potřeba udělat, aby byly tyto úkoly splněny.

Krok 3: Rozvoj úrovně výkonu. Dobré záměry nic nezmění. Je důležité se rozhodnout, *kdy a jak* budeme pracovat na rozvoji různých oblastí svého života. Cíle musí být stanoveny jasně a je potřeba vypracovat plán. Plán osobního rozvoje zahrnuje i to, aby člověk dobře začal, vydržel, dokud nedosáhne cíle, a během celého procesu přijímal upozornění, co je třeba změnit, i zpětnou vazbu. Bez každodenního tréninku svaly slábnou (jen si vzpomeňte, jak vypadá paže po šesti týdnech v sádře!). A to platí i v jiných oblastech života. Co je potřeba udělat a v jakém časovém rámci? Kdo mi poskytne konstruktivní zpětnou vazbu a upozorní mě na nedostatky, když to bude třeba?

Krok 4: Rozvoj sebereflexe. Dobří a „zdraví" vedoucí se vyznačují schopností sebereflexe. Sebereflexe (zamyšlení nad sebou) je něco, co se dá rozvíjet:

» Je třeba, abyste si pravidelně vyhradili čas na sebereflexi.

» Sebereflexe se realizuje tím, že si klademe správné otázky.

» Často je k ní potřeba partner, který vám pomůže zůstat na správné cestě a bude vám připomínat, že musíte být sami k sobě upřímní.

Lepší pochopení sebe sama poskytuje hlubší vhled do silných stránek i do těch, kde musíme zvýšit svou úroveň výkonu, což vede k lepšímu sebeuvědomění. Tyto čtyři kroky vám mohou pomoci v osobním rozvoji a zvýšit vaši schopnost vést sami sebe. Jsme také přesvědčeni, že je důležité, abyste do procesu zapojili ještě někoho, vůči komu budete moci být vykazatelní. Spoustu věcí o sobě se můžeme dozvědět také tím, že budeme žít tak, jak to popisuje Jan: „Jestliže však chodíme v světle, jako on je v světle, máme společenství mezi sebou a krev Ježíše, jeho Syna, nás očišťuje od každého hříchu."[344] To znamená, že se rozhodneme žít otevřeně a upřímně ve společenství mezi sebou navzájem. Otevřeme své životy jedni druhým a budeme také vděční za zpětnou vazbu v oblastech, v nichž jsme sami k sobě slepí. Učení se a rozvoj se v tomto druhu společenství odehrává přirozeně. Každý z nás může pracovat na tom, abychom v nově zakládaném sboru vytvořili tento druh společenství.

M4-4-4 Charakter a kompetence – lidé vs. výsledky

Dnes se hodně píše o autentickém vedení, o tom, že vedoucí musejí dbát na to, aby jejich činy byly v souladu s jejich slovy.[345] Další pojmy, jimiž se popisuje autentické vedení, jsou „integrita" a „zdraví". *Zdraví* se dá shrnout jako „žít zdravě znamená žít v rovnováze".

Když se máte rozvíjet jako vedoucí, musíte si vytvořit rovnováhu na dvou různých úrovních: na úrovni *rozvoje charakteru* (postoje a kladné vlastnosti) a na rovině *rozvoje kompetence* (dovednosti). Například silně rozvinutý charakter spojený se slabými dovednostmi může často vést k vyhoření. Takoví lidé si často myslí: „Opravdu toho chci dosáhnout, ale vůbec netuším, jak to udělat." Nebo si říkají: „Nedostatek dovedností vynahradím tím, že budu pracovat dvakrát tolik." Setkal jsem se s řadou vedoucích, kteří jeli „na prázdnou nádrž". Jejich silně rozvinutý charakter a oddanost službě vedly k tomu, že neměli správně nastavené hranice a „vyhořeli".

Nedostatečně rozvinutý charakter ve spojení s vysoce rozvinutými dovednostmi naopak otevírá dveře ke zneužívání moci a aroganci. To je důležité vzít v úvahu, když máte vést tým zakládání sboru. Svěřit vedení schopným lidem, kteří mají nedostatky v oblasti charakteru, může skončit katastrofou.

Další oblast napětí vzniká při nevyváženosti mezi dosahováním výsledků a pomocí lidem rozvíjet jejich jedinečný potenciál. Při zakládání sborů se samozřejmě musíme soustředit na výsledky, růst a hnutí. Nedokážeme-li oslovit nové lidi, budeme za dva roky stále stejná skupina. (Mimochodem: má váš tým vypracované plány na to, jak oslovovat nové lidi?) V nově založených i dlouhodobě fungujících sborech často vidíme, že se sbory tak intenzivně soustředí na rozvíjení lidí, kteří v nich už jsou, že to způsobuje stagnaci početního růstu. Když se však soustředíme jen na výsledky, spolupracovníci s velkým potenciálem se ze služby stáhnou. Pokud budeme investovat svou energii pouze do svých lidí a jejich potřeb, rychle začneme stagnovat a staneme se skupinou zaměřenou dovnitř. Jestliže se soustředíme výhradně na růst, naši lidé se budou cítit opotřebovaní a bez možnosti rozvoje. Dobří podnikatelé dbají na rozvoj svých zaměstnanců i na zisk, jinak jejich podnikání dříve nebo později skončí bankrotem.

Zdravé vedení se projevuje tehdy, když se podaří najít zdravou rovnováhu mezi rozvojem lidí a výsledky. Vidíme to na své vlastní potřebě mít v rovnováze charakter a dovednosti i v potřebě najít rovnováhu mezi růstem vztahu lidí s Kristem a početním růstem sboru. Xpand[346] vypracoval nástroj pro vedoucí, který tyto

---

[345] Kouzes, James M. a Posner, Barry Z.: *Credibility: How Leaders Gain and Lose it*. San Francisco: Jossey-Bass 2011. George, Bill: *True North: Discover Your Authentic Leadership*. San Francisco: Jossey-Bass 2007. Goffee, Rob a Jones, Gareth: *Why should anybody be led by you? What it takes to be an authentic leader*. Boston: Harvard Business School Press 2006.

[346] Viz xpand.eu.

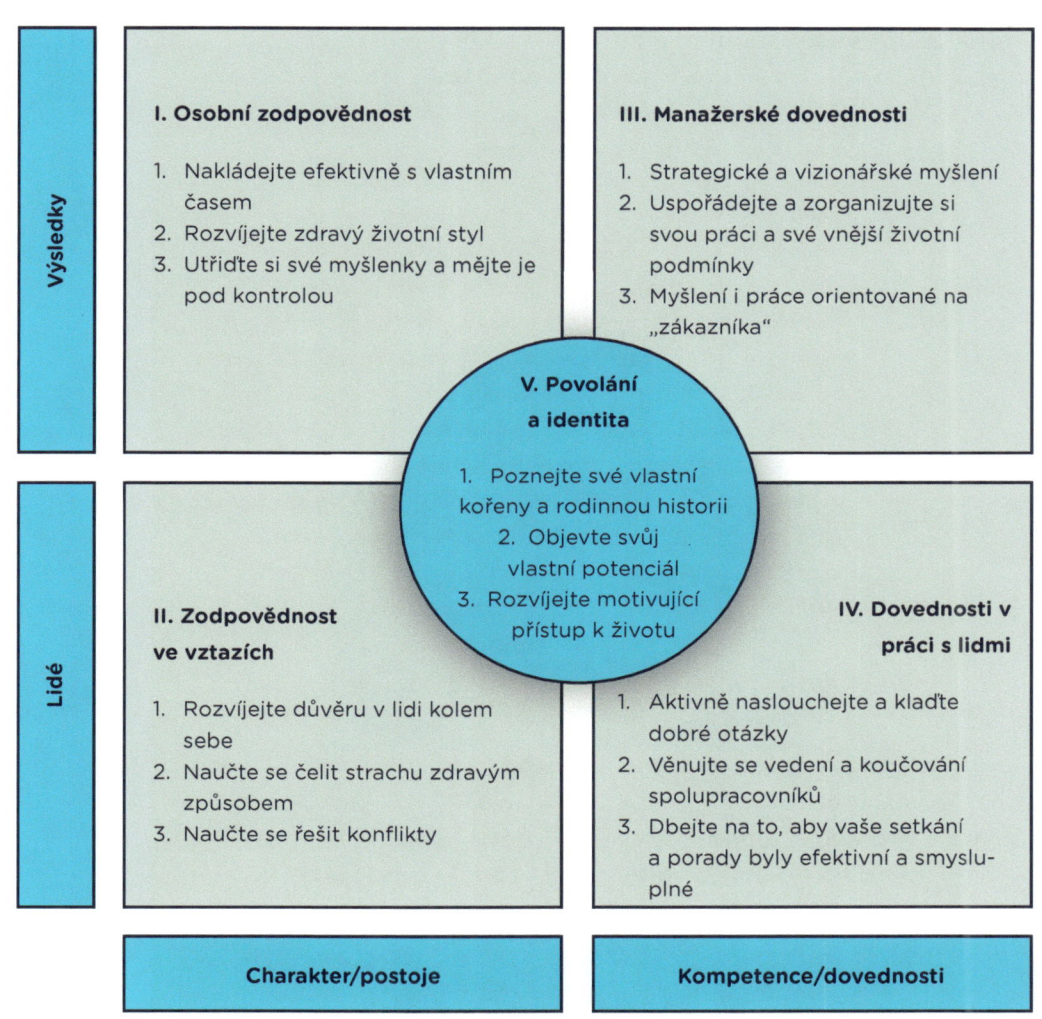

[347] Donders, Paul Christian a Hüger, John: *Value-centred leadership. Leadership Qualities. Reflect on your own leadership.* Xpand, srpen 2011.

čtyři parametry zohledňuje. Ukazuje ho následující diagram. Pátá oblast je uprostřed. Říkáme jí „povolání a identita" a vztahuje se k osobnímu rozvoji, kdy vedete sami sebe a rostete na základě toho, k čemu vás Bůh povolal. Diagram můžete použít při zamyšlení nad možnými oblastmi růstu ve vašem životě. Specifické nástroje pro osobní hodnocení vašich kvalit jakožto vedoucích byly vypracovány v různých jazycích.[347]

M4-4-5 Jak vést vlastní rodinu

Když Pavel popisuje, co je to sbor a církev, používá obraz rodiny – „Boží rodiny".[348] O sboru mluví pomocí pojmů z oblasti rodiny i při popisu toho, jak žil a pracoval v Tesalonice a jak tam zakládal nový sbor:

> Nikdy, jak víte, jsme nesáhli k lichocení, ani jsme pod nějakou záminkou nebyli chtiví majetku – Bůh je svědek! Také jsme nehledali slávu u lidí, ani u vás, ani u jiných; ač jsme mohli jako Kristovi poslové dát najevo svou důležitost, byli jsme mezi vámi laskaví, jako když matka chová své děti. Tolik jsme po vás toužili, že jsme vám chtěli odevzdat nejen evangelium Boží, ale i svůj život. Tak jste se nám stali drahými! Jistě si, bratří, vzpomínáte na naše úsilí a námahu, jak jsme ve dne v noci pracovali, abychom nikomu z vás nebyli na obtíž, když jsme vám přinesli Boží evangelium. Vy i Bůh jste svědky, jak jsme se k vám věřícím zbožně, spravedlivě a bezúhonně chovali. Víte přece, že jsme každého z vás jako otec své děti napomínali, povzbuzovali a zapřísahali, abyste vedli život důstojný Boha, který vás povolal do slávy svého království.[349]

Když Bible mluví o vlastnostech vedoucího, začíná jeho rodinou. „Má dobře vést svou rodinu a mít děti poslušné a počestné; nedovede-li někdo vést svou rodinu, jak se bude starat o Boží církev?"[350] Lidé, kteří v církvi prakticky slouží, jáhnové (diákoni), by také měli být „jen jednou ženatí, ať dobře vedou své děti a celou rodinu".[351] Církev je rodina a všechno začíná doma. Wolfgang Simson ve své knize Houses that Change the World[352] píše:

> Na jakém místě je pro člověka nejsnazší být duchovní? Není to tehdy, když se může ukrýt za kazatelnu, obléci si posvátná roucha a říkat svatá slova anonymnímu davu a pak zmizet do kanceláře? A kde je pak to nejtěžší místo, byť možná to nejsmysluplnější místo pro duchovnost? Doma, před manželkou a dětmi, kde je všechno, co říká a dělá, automaticky vystaveno lakmusovému testu a kde je možné účinně vytrhat plevel pokrytectví a upřímně usilovat o růst.[353]

Když Bůh chtěl do nově stvořeného světa vložit svůj obraz, stvořil muže a ženu, jimž dal schopnost množit se. „Ploďte a množte se a naplňte zemi."[354] Se svou

---

[348] Efezským 2,19

[349] 1. Tesalonickým 2,5-12

[350] 1. Timoteovi 3,4-5

[351] 1. Timoteovi 3,12

[352] Simson, Wolfgang: *Hjem som forandrer verden*, Ottestad, Norway: Prokla Media, 2006, s. 14. Anglický titul: *Houses That Change the World: The Return of the House Churches*. OM Publishing, 2001. Původní název: *Häuser, die Welt verändern*. C & P Publishing, Emensbüll, Germany, 1999.

[353] Přeloženo z norské verze Simsonovy knihy.

[354] Genesis 1,27-28

[355] Skutky 2,42 B21

ženou Lindou jsem za uplynulých 12 – 15 let učili stovky rodin. Vidíme, že manželské páry a rodiny se potýkají s různými problémy, včetně rodin pastorů, vedoucích a zakladatelů sborů. Setkal jsem se s týmy zakládajícími sbory, kde řada lidí, kteří práci začínali, nakonec skončila odloučením manželů. To je důvodem, proč je toto téma jedním z těch, o nichž píšeme v úvodu k M4.

Rodina je na prvním místě – tečka: Církev je popisována jako Boží lid a Boží rodina. Možná nejsilnějším obrazem církve je obraz dobře fungující rodiny. V situaci zakládání sboru je to, co se v důsledku této snahy stane v rodinách lidí, kteří začínají pracovat, rozhodující. Rodiny musí být schopny ukázat, jak může člověk žít v Božím slově, říkat jiným pravdu, projevovat milost a milovat svého bližního slovem i skutkem. Zakladatelé sborů se nesmí schovávat za aktivitu ani omlouvat to, co se děje v jejich rodinách jen proto, že jsou zapojeni do služby. Zbožný zakladatel sboru musí také být zbožným manželem nebo manželkou, otcem nebo matkou. Pro churavějící manželství a špatně fungující rodinu neexistuje omluva. Pokud selhává rodina zakladatele sboru, je vysoce pravděpodobné, že neuspěje ani nový sbor.

Velké poslání je do jisté míry velký výcvikový tábor – a začíná u vašeho vlastního života a rodiny. To byla ona osobní výzva, kterou mi dal Bůh jednoho rána u stolu v kuchyni, když ke mně promluvil slovy ze Skutků: „Zůstávali v apoštolském učení a ve společenství, v lámání chleba a v modlitbách."[355] (Viz M3-1.)

Co to znamená pro rodinu dnes? To je jedna z nejdůležitějších otázek, jimiž se v poslední době zabývám. Jak můžeme dobře vést svou rodinu? Jak máme uvést do rovnováhy modlitební život, čtení Bible, službu i závazek k životu v otevřenosti a vykazatelnosti jako manželských partnerů i v rodině? To není snadný úkol. Jak máme žít zdravým rodinným životem při projektu nebo službě zakládání sboru? Vše začíná u manžela a manželky, kteří si jsou jisti tím, kým jsou, a navzájem se milují. Největší dar, který můžeme dát svým dětem, je to, že budeme chránit a posilovat náš vzájemný vztah a budeme přitom žít v otevřených a vykazatelných vztazích, v nichž dáme druhým právo zasahovat do našich životů. Žijeme podle tohoto principu: Žijte s druhými v takové blízkosti, aby měli dokonce právo mluvit do toho, jak vychováváte své děti.

Jak se vám momentálně daří chránit vztah s manželem/manželkou při hledání rovnováhy mezi závazkem a prioritami? Jak dobře si vzájemně rozumíte, důvěřujete si a jste schopni sloužit společně pomocí darů a schopností, které každý z vás má? Jak dobře vedete svou rodinu? Jak se *ve vaší rodině* prakticky projevuje to, že zůstáváte v učení apoštolů, společenství, lámání chleba a modlitbě? Jaké priority jste si stanovili pro normální týden? Máte někoho, kdo se za vás a vaši rodinu i vaši službu vytrvale modlí? Doporučujeme vám, abyste brali svůj rodinný život vážně, abyste ho ochraňovali a přemýšleli o tom, zda to, čeho jste vzorem, novému sboru prospěje.

M4-4-6 Povolání vést hnutí

Velká křesťanská hnutí, která se v dějinách objevila, začala tím, že si Bůh povolával jednotlivce a používal je ve svém plánu. Formoval jejich charakter a vedl je k tomu, aby se stali vedoucími, kteří vedli a ovlivnili dokonce i celá města a země. Věříme, že se to může stát znovu. Bůh nás dnes povolává k tomu, abychom multiplikovali vedoucí a sbory, aby mohla vzniknout nová hnutí. Možná jste jedním z nich. Dbejte na to, abyste pečovali o sebe a svou rodinu, abyste mohli běžet běh a také ho úspěšně dokončit.

M4 - 5

Od slov k činům

Jsme přesvědčeni, že následující text je jednou z nejdůležitějších částí této knihy. Obsahuje otázky a cvičení jak pro jednotlivce, tak pro ty z vás, kdo pracujete v týmu. Ke každému z hlavních témat uvádíme též řadu případových studií (kazuistik). Na konci knihy najdete hodnotící škálu pro všechna cvičení i seznam učebních cílů, které jsme pro každé z témat stanovili. Pokud se chcete dozvědět více, můžete si prostudovat seznam doporučené literatury a zamyslet se, zda byste si nechtěli objednat některou z knih k dalšímu studiu.

Cvičení pro jednotlivce, úkoly pro tým a případové studie jsou specificky zaměřené na každé z podtémat knihy. Lze je využít k vyvolání diskuse během setkání týmu. Pokud je použijete tímto způsobem, bude důležité, aby se každý člen týmu připravil a materiál si prostudoval předem.

Úplně na konci této části najdete hodnotící škálu a učební cíle. Když si je budete procházet, můžete si zmapovat své pokroky: Děláme to, co je doporučeno, nebo je to pro nás jen akademická záležitost? Pracujeme v zamýšleném směru této kapitoly? Tímto způsobem budete schopni zhodnotit, jak postupujete ve srovnání s učebními cíli každé kapitoly.

M4-5-1   k M4-1 Základní principy multiplikace v Božím království – Dietrich Schindler

M4-5-1-1 Týmové cvičení 1
Podívejte se ještě jednou společně na vizi pro váš sbor a zamyslete se, zda se ve vašem prohlášení o vizi a v dokumentech, které vizi pro sbor vysvětlují, odrážejí principy multiplikace, jak jsou popsány v M4-1. Obsahuje každá oblast vaší celkové vize principy multiplikace?

M4-5-1-2 Týmové cvičení 2
Jak budou podle této vize vznikat nové sbory? Jaké konkrétní kroky musíte kvůli založení nových společenství podniknout a kolik času to podle vás zabere? Jak budete multiplikovat nové křesťany, nové učedníky, nové skupinky a nová společenství? Uvažujete o vysílání zakladatelů sborů do oblastí nezasažených evangeliem, aby z vašeho sboru vzešly další? Kolik času na to budete asi potřebovat?

M4-5-1-3 Týmové cvičení 3

Co v multiplikaci vidíte jako Boží úkol a co jako úkol vašeho týmu ve světle biblických principů multiplikace, o nichž mluvíme v M4-1? Vypište si některé z principů multiplikace, které jsou uvedeny v této části, a promyslete konkrétní plán toho, jak je prakticky aplikovat ve vašem týmu.

M4-5-1-4 Individuální cvičení

1. Které biblické principy, jež vedou k růstu multiplikace, nejvíce vyhovují vaší osobnosti, obdarování a dovednostem? Jak můžete přispět k tomu, aby váš tým tyto principy realizoval v praxi?

2. Na co by se měl soustředit váš tým – hledání Boha, anebo usilování o multiplikaci a růst? Jaká je souvislost mezi těmito dvěma věcmi a jak můžete svému tým pomoci dosáhnout rovnováhy mezi nimi?

3. Kdo je zodpovědný za multiplikaci sboru a jakou roli v tom hrajete vy?

M4-5-1-5 Případová studie 1

Zdá se, že Chris a Hannah mají talent pro to, aby základní skupinky dobře rostly. Ostatní členové jejich základní skupinky rostou jako učedníci a skupinka se už potřetí za dva roky bude dělit na dvě. Všichni vedoucí nových skupinek duchovně vyrostli a prošli školením ve skupinkách. Všechny nové základní skupinky rostou primárně tím, že se lidé, kteří uvěří, stanou součástí společenství. Je zjevné, že Chris a Hannah jsou schopni vzít na sebe větší zodpovědnost než jen vést základní skupinku. Jak byste coby vedoucí sboru využili jejich potenciál? Z následujících možností vyberte ty, které považujete za relevantní.

» Povzbudit Chrise a Hannah, aby začali studovat teologii (dálkově).

» Doporučit jim, aby věnovali rok studiu na biblické škole v sousedním městě.

» Svěřit jim větší zodpovědnost tím, že se stanou mentory pro některé z vedoucích jiných základních skupinek.

» Doporučit jim, aby si zvolili „kariéru", díky níž na sebe ve sboru vezmou větší zodpovědnost. Jaké role byste si pro ně dokázali představit?

M4-5-1-6 Případová studie 2

V Prvotíně je tým zakládající křesťanské společenství. Jeho členové se do této obce přestěhovali proto, aby byli v každodenním kontaktu s lidmi, kteří tam žijí. V obci bylo spaseno několik rodin a svědectví nových křesťanů se rozšířilo do celého okolí. Nyní se ve třech domácnostech konají pravidelná každotýdenní setkání, ale strategií je počkat, dokud společenství ještě trochu nevyroste, a teprve pak zahájit nedělní dopolední bohoslužby v pronajatých prostorech.

K vašemu překvapení v obci Druhotín přišlo ke Kristu mnoho lidí díky svědectví rodin, které se staly křesťany v Prvotíně. Druhotín je od Prvotína vzdálený asi 40 minut autem. Tým pomáhá organizovat setkání v Druhotíně a radí třem malým společenstvím, jež se tam tvoří. Dvě ze tří skupinek jsou dost velké na to, aby se mohla pořádat veřejná bohoslužba. Jak by podle vás měl tým pokračovat dál? Svá doporučení zdůvodněte.

M4-5-2 k M4-2 Jak vznikají multiplikující se hnutí – Dietrich Schindler

M4-5-2-1 Týmové cvičení 1

Porovnejte charakteristické rysy dobrého zakládání sboru a skvělého zakládání sboru. Jak můžete vy jako tým do svého prohlášení vize zahrnout charakteristické rysy skvělé práce na zakládání sboru? Jak může váš sbor zakomponovat činnosti, jimiž se vyznačuje skvělá práce na zakládání sboru, do svých cílů a strategií?

M4-5-2-2 Týmové cvičení 2

Přečtěte si znovu část o reprodukovatelných modelech v M4-2. Existují další reprodukovatelné modely, které váš tým zkoumá a studuje? Našli jste v M4-2 modely, jež by se daly využít nebo upravit pro specifickou situaci vašeho týmu? Diskutujte v týmu o tom, jaký je pro váš tým a cílovou skupinu ideální reprodukovatelný model.

M4-5-2-3 Týmové cvičení 3

Hovořte v týmu o úloze *koordinátora multiplikace*, jak ji uvádí část M4-2. Jaký typ osobnosti, obdarování a dovedností vyžaduje tato funkce? Vidíte jako vedoucí týmu, že jeden člen týmu (nebo více členů) má ideální předpoklady pro naplnění této role? Prodiskutujte, jak by ve vašem týmu mohl fungovat koordinátor multiplikace na každodenní úrovni.

M4-5-2-4 Individuální cvičení

1. Které z principů multiplikace (načasované uvolňování, vzdálenost mezi generacemi, hloubka učednictví, zaměřenost, zaměření navenek) vás motivují nejvíce? Jak byste mohli v praxi žít tento princip v týmu a jak byste mohli povzbuzovat a podporovat svůj tým v tomto konkrétním principu?

2. Motivuje vás osobně více *kvantitativní růst* (multiplikace a evangelizace) nebo *kvalitativní růst* (učednictví, povzbuzování, poradenství)? Jsou členové vašeho týmu motivováni stejným způsobem? Pokud ano, jak můžete najít rovnováhu a dosáhnout růstu v obou oblastech? Ve které z nich mají sbory ve vaší oblasti problémy? V čem chcete být jiní?

M4-5-2-5 Případová studie 1

Oliver a Henrietta jsou ve vašem společenství od počátku a byli i v základním týmu. Nedávno se dostali do kontaktu s velkým počtem přistěhovalců, kteří pocházejí z jednoho asijského národa. Vaše společenství nemá žádné sbory nebo skupinky v té části města, kde tito přistěhovalci žijí. Mnoho z nich přijelo do vaší země teprve před několika lety, zatímco další jsou už druhou nebo třetí generací a prožili ve vaší zemi celý život. Komunita přistěhovalců je natolik úzce propojená, že kdyby přátelé Olivera a Henrietty začali chodit na křesťanská shromáždění ve městě, vyvolalo by to řadu námitek a otázek. Imigrantům by se zase mohla zdát tato setkání křesťanů ve srovnání s jejich dřívějším náboženským prostředím divná. Jak byste Olivera a Henriettu povzbudili v další práci s těmito přestěhovalci, kterým chtějí přinést evangelium? Kdyby tito přistěhovalci přišli do vašeho sboru, jak by jejich přítomnost ovlivnila váš sbor (pozitivně, negativně)? Zvažte tyto možnosti:

» Nadále zvát co možná nejvíce těchto přistěhovalců na křesťanská shromáždění ve městě.

» Snažit se přivést lidi, kteří mají největší zájem, na křesťanská shromáždění v naději, že časem s sebou přivedou další.

» V pátek večer zorganizovat mezinárodní setkání ve stejné budově, kde míváte nedělní bohoslužby, a snažit se získat ty, kdo přijdou v pátek, aby začali chodit i v neděli a stali se součástí sboru.

» Pořádat evangelizace mezi přistěhovalci pro ně přijatelným způsobem a nezávisle na úsilí, které je přímo spojené se zakládáním vašeho vlastního sboru.

» Vymyslete další strategie.

M4-5-2-6 Případová studie 2

Starší muž jménem Jonah uvěřil a stal se součástí nového společenství. Téměř okamžitě začal navštěvovat domovy důchodců v okolí, kde vypráví své svědectví a káže evangelium, a po ránu si chodí povídat s lidmi, kteří spí na náměstí. Zdá se, že díky tomuto novému bratrovi se s Ježíšem setkává poměrně velké množství lidí. Řada seniorů, s nimiž mluvil, už není fyzicky schopná samostatně dojíždět na setkání a spousta mladých lidí, které oslovil na náměstí, se nechce octnout v situaci, kdy by se jich mnozí ptali na to, co dělají. Jakou strategii by měl sbor použít? Co považujete za nejlepší?

» Zajistit dopravu seniorů, aby mohli navštěvovat setkání společenství.

» Mladým lidem, s nimiž byl Jonah v kontaktu, nabídnout kurz hospodaření s osobními financemi nebo seminář o tom, jak si najít práci, což vyjde vstříc jejich potřebě a povzbudit je, aby se zapojili do společenství.

» Připravit Jonaha k další práci na poli evangelizace a dát mu prostor i v jiných oblastech. Může například začít zakládat společenství na místech, kde mluví s lidmi.

» Vymyslete alespoň jednu další strategii a diskutujte o ní.

M4-5-3 k M4-3: Abyste mohli dokončit běh, musíte se o sebe starat – Terje Dahle

M4-5-3-1 Týmové cvičení 1

Řekněte ostatním o povolání zakládat sbory, které máte od Boha. Objasněte, jak je toto povolání zakotveno v Božím slově a jeho velkém plánu spasení a vykoupení světa.

M4-5-3-2 Týmové cvičení 2

Jak váš tým dokáže vytvářet rovnováhu mezi prací a odpočinkem, mezi spočíváním v Kristu a přinášením ovoce? Mají všichni v týmu možnost se osvěžit ve víře a v životě, ale i možnost sloužit? Jak tuto rovnováhu udržíte, až vaše společenství početně vzroste a přibudou tlaky?

M4-5-3-3 Týmové cvičení 3

Hovořte v týmu o vašich společných modlitbách. Jak dobře fungují? Dejte každému možnost se vyjádřit. Chybí vašemu týmu v oblasti modlitby něco? Je v týmu dostatek důvěry a otevřenosti, aby lidé spolu mohli probrat těžké věci, modlit se za sebe navzájem a sloužit si a pak jít dál? Je pro vás přirozené uctívat Ježíše společně? Existuje něco, co vám ve společné modlitbě a uctívání v týmu brání nebo vás v tom omezuje?

M4-5-3-4 Individuální cvičení

a. Napište si, jak víte, že jste povoláni do tohoto týmu zakládajícího nový sbor.

b. Vezměte si kalendář a naplánujte si, jak se budete v příštích několika týdnech regenerovat a znovu získávat sílu pro své tělo, mysl, duši a ducha. Podívejte se na každý měsíc jako celek a pak na celý rok. Má váš život nějaký rytmus? Dbáte v praxi na to, abyste si udělali den odpočinku? Co dalšího děláte?

c. V čem jste dobří? Co vám dodává energii? V čem nejste moc dobří? Co vás okrádá o čas, protože děláte věci, které by lépe zvládl někdo jiný?

d. Je něco (nebo někdo), co (či komu) potřebujete odpustit, aby vás věci z minulosti neokrádaly o radost? Existují ve vašem životě oblasti, které musíte vystavit Božímu světlu tak, že je vyznáte před důvěryhodným přítelem jako hřích?

e. Jakými způsoby čtete a studujete Boží slovo? Kdyby všichni lidé ve vašem sboru dělali to, co vy teď, byl by to zdravý, silný a multiplikující se sbor?

M4-5-3-5 Případová studie 1

Ve sboru už je pět malých skupinek a brzy se jedna z nich opět bude dělit. Spousta lidí přichází k Ježíši a dostává se jim pomoci, kterou potřebují, aby s ním začali svůj nový život. S růstem se však objevuje i řada problémů. Kazatel Stephen s manželkou Anne tráví mnoho hodin tím, že mluví s vedoucími domácích skupinek i s lidmi, kteří ve svém životě potřebují pomoc, a přitom aktivně hledají větší prostory, kde by se mohly konat manželské semináře, školení vedoucích, kurzy Alfa apod. Přitom mají pocit, že něco není úplně v pořádku. Zdá se, že Stephen je trochu deprimovaný, občas reaguje podrážděně a čím dál častěji zapomíná na schůzky. Jste koučem týmu zakládajícího sbor a Anne se s vámi spojí, protože má o svého muže obavy. Jaké otázky byste Stephenovi položili, abyste mu pomohli uvědomit si, co potřebuje?

M4-5-3-6 Případová studie 2

Oliver a Henrietta jsou už dva roky součástí základního týmu. Vedou malou skupinku, která se však ještě nerozdělila na dvě a moc neroste. Začínají ztrácet odvahu a cítí se trochu stranou, když ostatní vedoucí skupinek mluví o tom, co Bůh v jejich skupinkách dělá. Požádali vás o schůzku (jste vedoucí základního týmu). Obáváte se, že Oliver a Henrietta to chtějí vzdát úplně. Jak byste se připravili na rozhovor s nimi? Jak byste do jejich situace zasáhli?

M4-5-4 k M4-4: Abyste mohli dokončit běh, musíte vést sami sebe – Øivind Augland

M4-5-4-1 Týmové cvičení 1

Pomocí stupnice od jedné do deseti (10 je nejlepší) ohodnoťte, jak dobře podle svého názoru „vedete sami sebe". Jste přesvědčeni, že když takto budete pokračovat dál, dokončíte běh? Řekněte o tom ostatním členům týmu. Jak si mohou členové týmu vzájemně pomáhat, aby se zlepšovali ve vedení sebe sama?

M4-5-4-2 Týmové cvičení 2

Povězte ostatním, jaký typ osobnosti jste. Dělali jste si někdy nějaký test osobnosti? Co jste se dozvěděli o svých silných a slabých stránkách? Co vás nejvíce mobilizuje: práce na projektech, práce s lidmi nebo kombinace obojího? Dáváte přednost „velkému obrazu", nebo se raději staráte o to, aby všechny detaily do sebe správně zapadaly? Upřednostňujete flexibilitu nebo struktury? Máte rádi manuální nebo duševní práci – anebo obojí? Co je pro vás při rozhodování nejdůležitější – vztahy nebo principy? Co vás nejvíc stresuje? Vidíte nějaké souvislosti mezi svou nejslabší a nejsilnější stránkou?

M4-5-4-3 Týmové cvičení 3

Zabývejte se v týmu následujícími otázkami: Máme v týmu kulturu, která podporuje a propaguje učení a osobní růst, a to jak z hlediska jednotlivců, tak vedoucích? Je životní styl týmu dlouhodobě udržitelný? Máme takovou kulturu, která by přitahovala nové vedoucí?

M4-5-4-4 Individuální cvičení

a. Jakým způsobem jste se v posledních několika letech záměrně věnovali osobnímu rozvoji? Co a jak jste se naučili?

b. Máte někoho, kdo má právo klást vám důležité otázky ohledně vašeho života?

c. Na kterou oblast života jste se nejvíce soustředili v posledních třech měsících: rozvoj *charakteru* nebo rozvoj *dovedností a kompetencí*?

d. Od koho jste se v posledním roce učili nejvíce? Sledujete, kde byste mohli získat důležité vyučování a informace pro různé oblasti svého života?

e. Pokud máte vlastní rodinu, je způsob života vaší rodiny dlouhodobě udržitelný? V čem je vaše rodina dobrým příkladem pro jiné rodiny? Na jakých oblastech potřebuje vaše rodina pracovat, abyste ani za deset let necítili žádné výčitky ohledně toho, jak jste investovali svůj čas a zdroje?

M4-5-4-5 Případová studie 1

Po roce služby na zakládání sboru si vedoucí Kerry začíná uvědomovat, že se jí opravdu nedaří delegování práce jiným členům týmu. V podstatě se bojí toho, že by měla zatěžovat ostatní břemeny. Nyní ale vidí, že kvůli tomu začíná trpět celý sbor. Kerry nejenže podává špatné výkony ve věcech, o nichž ví, že jí nejdou, ale mnoho lidí ve sboru, kteří by mohli rozvíjet své duchovní dary, k tomu nikdy nedostanou příležitost, protože Kerry má strach je o to požádat. „Už toho mají tak dost doma, v práci nebo ve skupince," říká si občas.

Není to jen otázka toho, aby Kerry začala lidi z týmu žádat o to, aby něco udělali. Kerry se děsí toho, že by jí řekli „ne", nebo se obává, aby lidi moc „neotravovala".

Jak by měla Kerry k této situaci a ke svým vlastním postojům přistupovat? Jak může převzít osobní zodpovědnost za hledání a nalezení řešení tohoto problému? Kdybyste byli koučem týmu a jeho členové by vás požádali o radu, jak byste jí pomohli?

M4-5-4-6 Případová studie 2

Asi po roce práce na zakládání sboru si všimnete, že Thomas, jeden z členů týmu, je příliš citlivý na to, když dostává zpětnou vazbu nebo slyší komentář k tomu, jak dělá svou práci. Jedním z choulostivých témat je to, že občas bývá vůči lidem příliš přímý a kritický, a to dokonce do té míry, že někteří z nich ztratili odvahu a motivaci. Thomas se prostě rozzlobí a začne napadat ty, kdo ho chtějí na něco upozornit. Začnete uvažovat o tom, zda Thomasova nejistota v roli vedoucího nepramení z nějakého hlubokého zranění v jeho srdci, které nikdy nevynesl na světlo. Když se ho na tyto věci začnete ptát, ještě více se uzavře. Problém ale nemůžete ignorovat, protože Thomasovo agresivní chování zraňuje řadu lidí. Jak můžete Thomasovi pomoci přijmout zodpovědnost za změnu v této oblasti jeho života?

M4-5-5 Učební cíle a hodnotící škála pro zakládání sboru

V následující části najdete učební cíle, které jsme stanovili pro různá témata, jimiž se zabývaly předchozí kapitoly. Rádi bychom, abyste nyní ohodnotili sami sebe a to, co jste se naučili. Některé z učebních cílů se soustřeďují na získávání nových poznatků a pochopení daných témat, jejich zpracování a hlubší zamyšlení se nad nimi ve vztahu k vašemu vlastnímu životu a týmu. Další úkoly jsou konkrétnější a jsme přesvědčeni, že je důležité, abyste se jimi zabývali jako tým.

Každou z následujících vět ohodnoťte známkou 1 až 5 podle toho, jak dobře jste zvládli daný učební cíl. 1 odpovídá hodnocení: Nedal jsem si s tímto cílem dost práce, nedíval jsem se na úkoly, které k němu patří; 5 odpovídá hodnocení: Získal jsem solidní představu, zamyslel jsem se nad problematikou a vypracoval úkoly spojené s cílem výuky; hodnocení 2 – 4 je někde mezi tím. Doufáme, že se vám bude při hodnocení dařit.

M4-5-5-1 k M4-1 Základní principy multiplikace v Božím království

○ ○ ○ ○ ○
1 2 3 4 5

Pochopil jsem biblické pojetí multiplikace a využil jsem ho ve své vlastní situaci při zakládání sborů.

○ ○ ○ ○ ○
1 2 3 4 5
Rozumím tomu, co pomáhá k multiplikaci z biblického hlediska, a zamyslel jsem se nad tím, jak mohu tyto principy aplikovat ve své vlastní situaci při zakládání sborů.

○ ○ ○ ○ ○
1 2 3 4 5
Chápu význam zabudování principu multiplikace do samotného jádra naší práce na zakládání sborů.

M4-5-5-2 k M4-2 Jak vznikají multiplikující se hnutí

○ ○ ○ ○ ○
1 2 3 4 5
Chápu rozdíl mezi dobrým zakládáním sboru a skvělým zakládáním sboru a zamyslel jsem se nad tím, jak mohu naši práci na zakládání sboru změnit ve skvělou.

○ ○ ○ ○ ○
1 2 3 4 5
Pochopil jsem koncepty týkající se zakládání sboru (*načasované uvolňování, vzdálenost mezi generacemi, hloubku učednictví, zaměřenost* a *zaměření navenek*) a přemýšlel jsem o nich i o tom, jak je aplikovat v naší práci na zakládání sboru.

○ ○ ○ ○ ○
1 2 3 4 5
Rozumím roli *koordinátora multiplikace* v týmu zakládání sborů.

M4-5-5-3 k M4-3 Abyste mohli dokončit běh, musíte se o sebe starat

○ ○ ○ ○ ○
1 2 3 4 5
Pochopil jsem význam osobní integrity (charakteru) i potřebu prožívat osobní povolání ke službě, což jsou nezbytné předpoklady pro trvalý a zdravý růst při budování Božího království.

○ ○ ○ ○ ○
1 2 3 4 5
Jsem si vědom potenciálních úskalí ve svém životě i potřeby podniknout kroky pro rozvoj vzájemně vykazatelných vztahů.

○ ○ ○ ○ ○
1 2 3 4 5
Pochopil jsem, že musím spojit *práci s odpočinkem* a *aktivity s bytím*, abych mohl dobře dokončit běh svého života.

M4-5-5-4 k M4-4 Abyste mohli dokončit běh, musíte vést sami sebe

○ ○ ○ ○ ○
1 2 3 4 5
Chápu, že je třeba vyrovnat se svou minulostí a přijmout Boží milost v oblasti zklamání, zranění a bolesti.

○ ○ ○ ○ ○
1 2 3 4 5
Rozumím tomu, že je důležité vést sebe sama a že si musím vypracovat plán osobního rozvoje jako Božího dítěte a vedoucího.

 Pochopil jsem, že rodina slouží jako jakýsi „výcvikový tábor" pro křesťanské vedoucí a že je důležité vést vlastní rodinu a starat se o vztahy se svými nejbližšími.

Závěrečné cvičení – Týmové zamyšlení nad procesem M4

Úvod

V závěrečné části M4 chceme vám i vašemu týmu pomoci shrnout, co jste se prostřednictvím procesu M4 naučili. Budete mít za úkol napsat sedmi až desetistránkový popis své práce na zakládání sboru a podělit se o své osobní myšlenky, názory, postřehy a praktické cíle na základě témat M4. Pak si vypracujete plán na další dva roky týkající se vize, kterou máte jako sbor, a toho, jaký typ společenství jste jako tým povoláni budovat.

Abychom vám při tom pomohli, uvádíme shrnutí témat M4 a doplňujeme je o relevantní otázky, které vám pomohou zamyslet se nad každým z nich.

Co by měl váš souhrn obsahovat

Úvod
Stručný úvod, který shrne, co váš tým dělá, a popíše kontext, místo, typ zakládání a sen vašeho týmu, který máte pro budoucnost vámi založeného sboru.

M1 Pán

Povolání
Napište o tom, jak jste podle vašeho názoru obdrželi povolání založit nové společenství, kdo toto povolání (případně) potvrdil a kdo je v tomto povolání založit sbor s vámi. Kdo váš tým podporuje modlitebně? Kdo vás povzbuzuje a kdo je koučem? Jaké máte vůči těmto lidem závazky? Jaké vztahy máte mezi sebou v týmu? (M1-2-1)

Model
Stručně popište, jaký model zakládání sboru chcete jako tým používat, a proč jste si zvolili právě tento konkrétní model. (M1-2-3)

Vize a hodnoty
Uveďte vizi základního týmu a vysvětlete proces, jak jste k ní dospěli. Napište také, co považujete pro společenství za důležité (hodnoty) a jak chcete tyto hodnoty využívat v praxi. (M1-3 a M1-4)

Peníze
Popište finanční situaci v souvislosti s projektem založení sboru, a jaký vliv má na tým. Odkud pochází nezbytné finanční zdroje? Je váš tým již teď modelem služby obětavého dávání na službu zakládání sboru?

M2 Poslání

Cílová skupina
Ke komu je váš tým povolán, koho máte oslovit? Popište několik typických lidí z cílové skupiny, které by váš tým rád přinesl evangelium. (M2-1)

Cesta k víře
Popište, jak chce váš nový sbor takového typického člověka z vaší cílové skupiny přivést od nevíry k víře v Ježíše. (M2-2)

Modlitba
Popište modlitební strategii vašeho týmu. Kolik přímluvců máte mimo vlastní práci na zakládání sboru? Jak se váš tým modlí za službu zakládání sboru? Má váš tým přímluvce, které potřebuje? Pokud vaše odpověď zní ne, jak je chcete najít? (M2-2-3)

Evangelizace
Popište, jak se vašemu týmu dařilo evangelizovat lidi, kteří nejsou křesťany, v době, kdy jste procházeli M4. Co budete jako tým dělat příští rok, abyste oslovili ty, kdo ještě neznají Ježíše? (M2-3, M2-4)

M3 Multiplikace

Učedníci
Co ve vašem společenství prakticky znamená následovat Ježíše? Jaká očekávání máte u duchovně zralého učedníka? Jak se lidé ve vašem společenství o tomto očekávání a sborové kultuře, kterou chcete vytvořit, dozvědí?

Učednictví
Jak si jako tým představujete, že budete ve svém společenství vést lidi k učednictví? Jaké nejdůležitější prvky jsou potřeba k tomu, abyste mohli vést nové křesťany ke zralosti v Kristu a k aktivnímu zapojení se do společenství?

Modelování
Popište, jak se vy jako základní tým nebo tým vedení míníte stát modelem procesu učednictví i základní praxe, kterou chcete mít jako přirozenou součást života sboru.

Multiplikace
Popište, jak se vaše společenství stane učednickým hnutím, kteří budou získávat další učedníky a ti zase další...

M4 Hnutí

Multiplikace
Jakým způsobem jste do svého nového sboru zabudovali strukturu multiplikace nových křesťanů, nových učedníků, nových skupinek a nových společenství? Jaké další kroky chce váš tým dnes podniknout, aby to během tří až pěti let vedlo k založení nového sboru?

Podpůrná struktura
Popište podpůrnou strukturu pro vaše nové společenství. Kdo může vašemu týmu pomoci vyřešit konflikty mezi jeho členy? S kým si mohou promluvit lidé ve vašem týmu, když budou přesvědčeni, že jeden z vedoucích potřebuje pomoc?

Rytmus služby
Jak bude váš tým vytvářet udržitelnou kulturu dobrovolníků, která bude rozvíjet a vysílat lidi do služby – oproti tomu, abyste je využili a nechali vyhořet? Jak můžete chránit členy svého sboru a týmu před vyhořením?

Cíle a plán dalších kroků
Je důležité stanovit si cíle jako jednotlivci i jako organizace. Následující body mohou pomoci při formulování realistických cílů pro vás osobně i pro tým.

Cíl musí splňovat následující požadavky:

» *Měřitelný*: Cíl se musí dát měřit z hlediska času a výsledků, jež lze vyjádřit písemně.

» *Motivující*: Cíl musí být formulován pozitivním způsobem, který vyvolává nadšení.

» *Možný*: Cíl musí být dostatečně realistický, aby ho bylo možné dosáhnout, a přesto musí být dostatečnou výzvou, aby dokázal motivovat.

Dále najdete formulář, který si můžete okopírovat a použít, až budete s týmem společně formulovat strategické cíle a plán postupu pro projekt zakládání sboru. Všechny vaše strategické cíle musí podporovat vizi, již má váš tým pro práci na zakládání sboru. Ke každému primárnímu strategickému cíli si můžete připsat dílčí cíle, které vám a vašemu týmu pomohou dosáhnout primárních cílů. V další části najdete i *předlohu pro plánování projektu*, kterou si tým může okopírovat a využít.

Realistická strategie

Do očíslovaných rámečků si sepište základní strategické cíle. Ke každému strategickému cíli si k odrážkám připište vedlejší nebo podpůrné cíle.

1.

»

»

»

»

»

»

2.

»

»

»

»

»

»

3.
»
»
»
»
»
»
»

Realistická strategie

Plán projektu

Strategický cíl 1:

Termín

Kdo?

Náklady

Doporučená literatura k M3 a M4

Uvádíme seznam knih, které se nám líbily a jež jsme při práci na zakládání sborů využili. Najdete v něm tituly, které se týkají vedení, strategie a různých modelů pro zakládání sborů a evangelizaci. Většina anglických knih je k dispozici na amazon.com, amazon.co.uk či na bookdepository.co.uk (zde je poštovné po celé Evropě zdarma). Knížky v norštině najdete nejsnáze pomocí vyhledávače Google, pokud je neobjevíte na bokkilden.no. Doufáme, že vám tento seznam poskytne relevantní literaturu, která vám pomůže s tím, co je před vámi.

Doporučená literatura k M3

» Aarvik, Trygve: *Sammen i Guds plan. Menighet – fellesskap – disipler*. Letáček vydaný Nettverkskirken.

» Blackaby, Henry a King, Claude: *Experiencing God: Knowing and Doing the Will of God*. Revidováno a rozšířeno. Nashville: B&H Books, 2008.

» Bonhoeffer, Dietrich: *The Cost of Discipleship*. Austin: Touchstone, 1995.

» Breen, Mike a Kallestad, Walt: *The Passionate Church*. Colorado Springs: Cook Communications Ministries, 2005.

» Claiborne, Shane: *Den uimotståelige revolusjonen: radikalitet for vanlige mennesker*. Oslo: Luther, 2008.

» Cole, Neil: *Cultivating a Life for God: Multiplying Disciples Through Life Transformation Groups*. Saint Charles, IL: ChurchSmart Resources, 1999.

» Cole, Neil: *Search & Rescue: Becoming a Disciple Who Makes a Difference*. Grand Rapids: Baker Books, 2008.

» Foster, Richard: *Streams of Living Water: Celebrating the Great Traditions of Christian Faith*. New York, HarperOne, 2001.

» Halldorf, Peter: *Åndens folk, en disippelvandring gjennom Apostlenes gjerninger*. Oslo: Luther, 2008.

- » Hirsch, Alan: *The Forgotten Ways: Reactivating the Missional Church.* Grand Rapids: Baker Academic & Brazos Press, 2007.

- » Thu, Erling: *Meningen med livet.* Bergen: Folk Media, 2007.

- » Tveitereid, Knut: *En helt overkommelig disippel.* Oslo: Det Norske Bibelselskap, 2005.

- » Viola, Frank: *Reimagining Church.* Chicago: David C. Cook, 2008.

- » Willard, Dallas: *The Divine Conspiracy: Rediscovering our Hidden Life in God.* New York: HarperOne, 1998.

- » Willard, Dallas: *The Spirit of the Disciplines: Understanding how God Changes Lives.* New York: HarperOne, 1990.

- » Willard, Dallas: *Renovation of the Heart: Putting on the Character of Christ.* Colorado Springs: NavPress, 2002.

Doporučená literatura k **M4**

» Allen, Roland: *Missionary Methods – St. Paul's or Ours?* Grand Rapids: Eerdmans, 1960, 1997.

» Allen, Roland: *The Spontaneous Expansion of the Church.* Eugene, OR: Wif and Stock Publishers, 1997.

» Amabile, Teresa a Kramer, Steven: *The Progress Principle: Using Small Wins to Ignite Joy, Engagement, and Creativity at Work.* Boston: Harvard Business Review Press, 2011.

» Breen, Mike a Hopkins, Bob: *Clusters: Creative Mid-Sized Missional.* Sheffield: *ACPI,* 2008.

» Breen, Mike a Cockram, Steven: *Building a Discipling Culture.* Pawleys Island, South Carolina: 3DM, 2011.

» Cole, Neil: *The Secret Source of Unlimited Leaders.* Článek na webových stránkách CMAResources.org: http://www.cmaresources.org/article/secret-source-of-unlimited-leaders. 2008. Staženo 5. března 2013.

» Cole, Neil: *Cultivating a Life for God.* Carol Stream, IL: ChurchSmart Resources, 1999.

» Cole, Neil: *Organic Church: Growing Faith where Life Happens.* San Fransisco: Jossey-Bass, 2005.

» Collins, Jim: *Good to Great: Why some companies make the leap ... and others don't.* New York, NY, HarperCollins, 2001.

» Collins, Jim: *Good to Great and the Social Sectors: Why Business Thinking is Not the Answer.* Boulder, Colorado, Jim Collins, 2005.

» Cordeiro, Wayne: *Leading on Empty.* Bloomington, Minnesota: Bethany House, 2009.

» Covey, Stephen R.: *The 7 Habits of Highly Effective People.* New York: Freepress, 1989. Česky: *Sedm návyků skutečně efektivních lidí.* Praha: Management Press, 2006, 2011.

- Donders, Paul Christian: *Creative Life Planning: Discover Your Calling, Develop Your Potential.* Kristiansand: Sidevedside, 2007.

- Donders, Paul Christian: *Natural Abilities.* Prezentováno Xpand Europe. Viz www.xpand.no.

- Donders, Paul Christian a Hüger, Johannes: *Value-Centred Leadership. Leadership Qualities. Reflect on Your Own Leadership.* Xpand, 2011.

- Donders, Paul Christian a Hüger, Johannes: *Wertvoll und Wirksam Führen. In Balance von Mensch und Ergebnis.* Münsterschwarzach: Vier-Türme-Verlag, 2011.

- Garrison, David: *Church Planting Movements: How God is Redeeming a Lost World.* Midlothian: WIGTake Resources 2004.

- George, Bill: *True North: Discover Your Authentic Leadership.* San Francisco: Jossey-Bass, 2007.

- Gladwell, Malcom: *The Tipping Point: How Little Things Can Make a Big Difference.* New York: Back Bay Books, 2002.

- Goffee, Rob a Jones, Gareth: *Why Should Anybody Be Led By You? What It Takes To Be an Authentic Leader.* Boston: Harvard Business School Press, 2006.

- Henderson, D. Michael: *John Wesley's Class Meetings: A Model for Making Disciples.* Nappanee, IN, Evangel Publishing House, 1997.

- Kouzes, James M. a Posner, Barry Z.: *Credibility: How Leaders Gain and Lose it.* San Francisco: Jossey-Bass, 2011.

- Kreider, Larry: *House Church Networks: A Church for a New Generation.* Lititz, PA: House to House Publications, 2001.

- MacDonald, Gordon: *A Resilient Life.* Nashville: Thomas Nelson, 2004.

- MacDonald, Gordon: *Ordering Your Private World.* Nashville: Thomas Nelson, 1995. Česky: *Uspořádej svůj svět.* Praha: Návrat domů, 2003.

- Meyers, Joseph R.: *The Search to Belong: Rethinking Intimacy, Community and Small Groups.* Grand Rapids: Zondervan, 2003.

- » Neighbour, Ralph W. Jr.: *Where Do We Go From Here? A guidebook for cell group churches.* Houston, TX, Touch Publications, 1990.

- » Nicholson, Steve a Bailey, Jeff: *Coaching Church Planters: A Manual for Church Planters and Those Who Coach Them.* Stafford, Texas: Vineyard Resources, 2001.

- » Ogne, Steve a Roehl, Tim: *TransforMissional Coaching.* Nashville: B&H Publishing Group, 2008.

- » Ott, Craig a Wilson, Gene: *Global Church Planting: Biblical Principles and Best Practices for Multiplication.* Grand Rapids: Baker Academic, 2011.

- » Peters, George W.: *A Theology of Church Growth.* Grand Rapids: Zondervan Publishing House, 1981.

- » Pink, Daniel H.: *Drive: The Surprising Truth About What Motivates Us.* New York: Penguin Group, 2009.

- » Robinson, Martin: *Planting Mission-Shaped Churches Today.* Oxford: Monarch Books, 2006.

- » Samuel, Vinay a Sugden, Chris: *Mission as Transformation.* Oxford: Regnum Books International, 1999.

- » Schwartz, Christian A.: *The 3 Colors of Ministry: A Trinitarian Approach to Identifying and Developing Your Spiritual Gifts.* ChurchSmart Resources, 2001.

- » Schindler, Dietrich Gerhard: *Creating and Sustaining a Church Planting Movement in Germany.* Nevydaná doktorská dizertační práce; Fullerton, CA: Fuller Theological Seminary, 2006.

- » Simson, Wolfgang: *Houses That Change the World: The Return of the House Churches.* OM Publishing, 2001. Původní titul: *Häuser, die Welt verändern.* C & P Publishing, Emensbüll, Německo, 1999.

- » Sinclair, Daniel: *A Vision of the Possible: Pioneer Church Planting in Teams.* Downers Grove, IL: IVP Books, 2012.

- Surratt, Geoff, Ligon, Greg a Bird, Varren: *The Multi-Site Church Revolution: Being One Church in Many Locations.* Grand Rapids: Zondervan, 2011.

- Wagner, C. Peter: *Leading Your Church to Growth.* Glendale CA, G/L Regal Books, 1984.

- Wilson, Scott: *Training Tomorrow's Leaders.* Aponet, 2002.

- Withmore, John: *Coaching for Performance*, 3. vyd. Londýn: Nicholas Brealey Publishing, 2002.